19.80

Renate Florl

Mit Kindern im
Schwäbischen Wald

D1718129

Renate Florl

Mit Kindern im Schwäbischen Wald

Groß und klein auf Entdeckungstour

Fleischhauer & Spohn

Das Umschlagbild wurde am Hinteren Hörschbachwasserfall aufgenommen.

Bildnachweis: Alle Aufnahmen stammen von der Verfasserin.

Die Kartenskizzen im Text stammen von der Verfasserin.
Die Kartenskizze auf der Umschlagrückseite hat Edmund Kühnel, Reutlingen, angefertigt.

© 1995 by Fleischhauer & Spohn Verlag, Bietigheim-Bissingen
Gesamtherstellung: Druckerei Laub GmbH & Co., 74834 Elztal-Dallau
ISBN 3-87230-529-8

Geleitwort

Der Schwäbisch-Fränkische Wald – ein vielseitiges Keuperbergland mit tief eingeschnittenen Tälern, lieblichen Bachauen und Hochflächen, mit ausgedehnten Wäldern und Rodungsinseln um Dörfer, Weiler und Einzelhöfe – stellt ein bevorzugtes Wandergebiet dar. Gerade für Kinder bietet er viel Abwechslung und vielerlei Möglichkeiten zu besonderen Erlebnissen. Da sind die Klingen mit ihren geheimnisumwitterten Felsgrotten und Wasserfällen, die vielen Bäche mit ihren Mühlen und Mühlrädern, der römische Limes mit Nachbildungen von Wachtürmen, Burgen, Aussichtstürme, Historische Dampfzuglinien und noch vieles andere mehr. Ein Gebiet also, das sich lohnt, mit Kindern zu durchstreifen und zu erleben. Um das Wandern zu erleichtern, unterhält der Schwäbische Albverein ein umfangreiches Wanderwegenetz, das durchgehend markiert und mit Hinweistafeln versehen ist.

Der Schwäbische Albverein wünscht, daß das Wanderbuch vielen Eltern eine Hilfe dafür sei, wie sie mit Kindern den Schwäbisch-Fränkischen Wald erleben können. Mögen dadurch sowohl Eltern wie auch Kinder angeregt werden, dieses interessante Waldgebiet weiter zu erkunden und zu erwandern. Zugleich hoffen wir, daß durch erlebnisreiche Wanderungen bei den Kindern die Liebe zur Heimat und die Freude am Wandern geweckt werden.

Prof. Dr. Theo Müller
Vizepräsident des Schwäbischen Albvereins

„Wozu in die Ferne schweifen"

Der Schwäbische Wald mit seinen gut gekennzeichneten Wanderwegen, seinen vielfältigen Freizeit-, Sport- und Kultureinrichtungen und seiner landschaftlichen Vielfalt ist das ideale Wandergebiet für Familien.

Durch seine Fülle an Angeboten bietet der Schwäbische Wald viele Möglichkeiten der Freizeitgestaltung. So lockern etwa eine Dampfzugfahrt mit dem Wieslauftal-Express oder ein Bescuh in einem der zahlreichen Museen. Am Lines-Wanderung kann man den Hauch der Geschichte einatmen, dem Klappern der Mühlen, deren Erhaltung dem Rems-Murr-Kreis und dem Naturpark Schwäbisch-Fränkischer Wald ein wichtiges Anliegen ist, lauschen oder einfach „nur Natur pur" in Form von Schluchten, Klingen und Wasserfällen entdecken und erleben. Nicht umsonst zählt der Schwäbisch-Fränkische Wald zum bevorzugten Naherholungsbereich für die Region Stuttgart.

Die nun erschienene Wanderbroschüre zeigt in 28 Kapiteln die mannigfaltigen Möglichkeiten auf, die sich im Bereich des Schwäbischen Waldes für Familien bieten. Bei dieser Vielzahl von Vorschlägen ist für jeden etwas Geeignetes dabei. Wofür man sich auch entscheidet, der Schwäbische Wald wird auch Sie und Ihre Kinder in seinen Bann schlagen und der jungen Generation zeigen, daß attraktive Freizeitgestaltung auch in der näheren Umgebung möglich ist.

Erholen Sie sich also auf Schusters Rappen. Dabei wünsche ich Ihnen viel Spaß und Freude.

Ihr

Horst Lässing
Landrat des Rems-Murr-Kreises

Grüß Gott und herzlich willkommen im Schwäbischen Wald!

Halt, halt, eigentlich müßte es ja heißen: Grüß Gott und herzlich willkommen im „Naturpark Schwäbisch-Fränkischer Wald", denn dies ist die ganz offizielle Bezeichnung für das hier beschriebene Wandergebiet. In der Umgangssprache ist es eben noch immer der „Schwäbische Wald" und so will ich ihn auch weiterhin nennen.

Der Schwäbische Wald ist wie geschaffen für abenteuerliche Ausflüge mit der ganzen Familie. Da gibt es beeindruckende Klingen und Schluchten, in denen größere und kleinere Wasserfälle rauschen, alte Burgen und Ruinen lassen die Zeit der Ritter wieder lebendig werden. Auch von den Römern, die hier vor ungefähr 2000 Jahren gelebt haben, findet man noch heute sichtbare Spuren. Wunderschön sind die stillen Täler mit ihren alten Mühlen und die aussichtsreichen Höhenlagen, von denen man weit ins Land hinaus blicken kann. Nicht zu vergessen die vielen – meist herrlich gelegenen – Spiel- und Grillplätze, die zu ausgedehnten Rastpausen einladen.

Ein schöner Ausflugstag kann auch mit einem Besuch in einem der vielen Museen abgerundet werden. Im Sommer hat man dazu noch die Möglichkeit, einen Tag an oder in einem der Badeseen, an denen es im Schwäbischen Wald nicht mangelt, ausklingen zu lassen. Man sieht, der Schwäbische Wald bietet mit seiner Vielfalt garantiert für jeden etwas! Und was besonders wichtig ist: wirklich zu jeder Jahreszeit kann man im Schwäbischen Wald mit der ganzen Familie aktiv sein!

Oft taucht die Frage auf, ab welchem Alter man mit den Kindern denn wandern kann. Natürlich sind bei den Kindern in den ersten Jahren kleine Käfer oder Steine am Wegesrand viel interessanter als die Wanderung selber oder gar eine schöne Aussicht. Darauf sollte man Rücksicht nehmen und keine all zu langen Touren planen.

Das Wanderalter, in dem die Kinder dann mit viel Phantasie und auch mit mehr Ausdauer dabei sind, beginnt so etwa ab dem Schulalter. Aber trotzdem sind es oft noch die „kleinen Dinge", die bei den Kindern Begeisterung hervorrufen, z. B. einen Stock zu schnitzen oder ein Feuer zu schüren und dabei die züngelnden und lodernden Flammen zu erleben. Das ist für unsere Kinder heutzutage ein aufregendes Erlebnis, weil sie von zu Hause meist nur noch die Zentralheizung kennen. Da muß gar nicht jedesmal eine Wurst zum Grillen mit dabei sein, das Feuer selbst ist Attraktion genug. Oder wer hat schon mal an einem Regentag einen Ausflug unternommen? Auch solche elementaren Erfahrungen sind – gut ausgerüstet – wichtige Erlebnisse für unsere Kinder, wenn es auch wir Mütter hinterher „auszubaden" bzw. auszuwaschen haben.

Schön ist es auch, wenn die Kinder – manche mögens mehr, andere vielleicht weniger – nach einem Ausflug ihre Eindrücke auf einem Bild festhalten. Als Eltern erfährt man auf diese Art und Weise sehr schnell, was am besten angekommen ist!

Noch ein Hinweis zur Weglänge: Die Ausflugtips sind in der Länge ganz unterschiedlich zusammengestellt. Manchmal werden sogar innerhalb eines Wandervorschlags verschiedene Varianten aufgeführt. So hat jeder die Möglichkeit, die Strecke für sich „ohne Streß" zu bewältigen. Denn bei den Pausen ruhen eigentlich – wenn wir mal ehrlich sind – nur die Eltern aus. Die Kinder finden ja oft kaum Zeit zum Essen und Trinken!

Und eigentlich ist es doch das Wichtigste, daß die Kinder Freude an der Natur und am Draußensein haben. Auf die Anzahl der gewanderten Kilometer kommt es dabei eigentlich überhaupt nicht an. In diesem Sinne wünsche ich allen, die den Schwäbischen Wald zu Fuß erkunden und entdecken wollen, schöne Stunden und erlebnisreiche Touren!

Besonders danken möchte ich dem Verlag für die gute und vertrauensvolle Zusammenarbeit.

Zum Schluß noch eine Bitte:

Der bekannte Spruch: „Nichts ist so beständig wie der Wandel", trifft leider auch auf diesen Wanderführer zu. Wanderwege werden unter Umständen verändert, Spielplätze und Grillstellen können geschlossen oder auch neu hergerichtet werden, auf manche Dinge hat man eben trotz aller Bemühungen keinen Einfluß. Wenn Sie Veränderungen feststellen, wäre der Verlag und die Verfasserin über eine Nachricht sehr dankbar!

Und nun viel Spaß bei all' Ihren Unternehmungen!

Herzliche Grüße
Ihre Renate Florl

Ritter spielen auf Burg Löwenstein

Rundwanderweg bei Löwenstein

Bei diesem Tourenvorschlag kommen vor allem diejenigen auf ihre Kosten, die nicht so lange wandern wollen. Dafür bleibt dann umso mehr Zeit für die Erkundung der ehemaligen recht stattlichen Burganlage Löwenstein. Und die anderen können ja noch einen Schlenker dranhängen, z. B. mit einem Blick auf die Wanderkarte weiter zum Bleichsee wandern und dann über die Lauffener Steige zum Parkplatz zurückkehren.

Ausgangspunkt ist der vor allem bei Motorradfahrern beliebte Treffpunkt am Parkplatz *„Aussicht"*. Ein weiterer Parkplatz für Pkws befindet sich jedoch zusätzlich wenige Meter unterhalb, so daß auch in den Frühjahrs- und Sommermonaten bei großem Andrang der Motorradfreunde Parkplätze zur Verfügung stehen.

Vom oberen Parkplatz gehen wir zuerst einige Schritte an der Leitplanke an der Straße entlang aufwärts. Das Gebiet heißt *Höhle* und die Lumpenlochhöhle ist unser erstes Ziel. Nach links führt ein Steiglein in den Wald hinein. Auf einer langen Treppe steigen wir den Berg hinunter und erkennen rechts steile Felsen. Da ist bestimmt der Eingang zur Höhle. Tatsächlich befindet sich hier die mit einem Gitter verschlossene **Lumpenlochhöhle**. Wenn sich die Augen auf die Dunkelheit eingestellt haben, erkennt man in der Höhlenmitte einen schönen Pfeiler. Er verjüngt sich nach unten hin und das, was man sonst noch im Innern erkennen kann, erinnert an die anderen hohlen Steine und Grotten des Schwäbischen Waldes.

Auf unserem schönen Pfad geht es weiterhin bergab. Wir gelangen an eine Kreuzung, an der ein paar Felsen zum Kraxeln einladen. Dem Wanderzeichen *blaues Kreuz* folgen wir ab hier nach links. Oben können wir unseren Ausgangspunkt erkennen. Auf einem angenehm ebenen und sonnigen Weg am Hang entlang können wir beim Weitergehen eine schöne Aussicht genießen. Geradeaus der markante Hügel über das Tal hinweg ist der *Weinsberg* mit der *Burg Weibertreu*. Nach und nach wird der Blick auf den *Breitenauer See* und den am See gelegenen Campingplatz frei, der seither noch vom *Wolfertsberg* verdeckt gewesen war. Die weißen Segel der Segelboote und die bunten Segel der Windsurfer leuchten von weitem auf der glitzernden Seefläche. Die landschaftliche Gestaltung des Tales rechts von uns ist hier ebenfalls eine Erwähnung wert: Wer sich mit der Geologie des Schwäbischen Waldes, z. B. auf dem Lehrpfad bei Winnenden befaßt hat (siehe Tour Nr. 20), wird sofort feststellen, daß der Untergrund hier nichts anderes als Gipskeuper sein kann. Warum? Ganz typisch dafür ist, daß in den Südlagen Weinberge angelegt werden und auf den Nordseiten Obstbaumwiesen zu finden sind. Das trifft hier genau zu!

Weiterhin bleiben wir auf dem mit einem *blauen Kreuz* bezeichneten Weg und allmählich kommen wir nach *Löwenstein* hinab. Der Friedhof am Ortsanfang hat eine besonders schöne Lage. Der Dichter Manfred Kyber hat hier seine letzte Ruhestätte gefunden. In Löwenstein gibt es zu Ehren des Dichters, der vor allem mit seinen Tiermärchen bekannt wurde, ein extra eingerichtetes Manfred-Kyber-Museum, das Interessierten fast alle Zeugnisse seines Schaffens zeigt. Im Museum sind auch Grabungsfunde der Burg Löwenstein ausgestellt. Das Haus selber ist schon interessant, eine Außenmauer davon ist nämlich gleichzeitig Stadtmauer!

Schauen wir uns um, haben wir sicherlich schon längst den restaurierten Aussichtsturm der Burg Löwenstein links oben erkannt. Das ist unser nächstes Ziel! Weiter geradeaus in den Ort hinein, dann am Gasthof „Hohly" scharf links in Richtung Burg abbiegen. Es geht nun aufwärts, dann nach rechts weiter dem Wegweiser nach. Ein kleiner Spielplatz will sicherlich kurz „ausprobiert" werden, ehe wir die Stufen bei der Kirche hochgehen.

Wer sich zuerst im Ort oder im Museum umschauen möchte, hält sich am Gasthof geradeaus, dann links und weiter schräg über den *Kelterplatz* hinweg. An der *Alten Kelter* vorbei, darauf kommt man nach rechts über die „Wettengasse" zum **Manfred-Kyber-Museum**. Anschließend geht man die „Maybachstraße", also die Durchfahrtsstraße von Löwenstein, hoch und zweigt vor der hohen Mauer nach links zur Kirche und Burgruine ab.

Auf dem Waldlehrpfad, der sich bis hoch zur Burgruine erstreckt, kommen wir an einem auffällig großen, mächtigen, alten Baum vorbei. Es ist eine Wellingtonie, auch Mammutbaum genannt, die bis zu 3000 Jahre alt werden kann. Die Wellingtonien hier im Schwäbischen Wald sind alle erst so um die 150 Jahre alt, da sie alle zu der gleichen Zeit als „Versuchspflanzen" den Förstern zu guter Betreuung übergeben wurden. Woher sie kamen? Diese Baumriesen aus Amerika gelangten als Samen nach Württemberg und im Auftrag des württembergischen Königs wurden sie im botanischen Garten der Wilhelma in Stuttgart zum Keimen gebracht. Anschließend wurden die jungen Pflänzchen an interessierte Förster verteilt. So kann man zum Beispiel bei Wüstenrot am Wellingtonienplatz und in Welzheim im Stadtpark noch mehrere dieser Baumriesen bestaunen.

Burg Löwenstein

Nun haben wir den Aufstieg zur Burg bald geschafft: Weiter im Wäldchen aufwärts und durch das Torhaus betreten wir die ehemals salische und staufische Burganlage. Die Zeit der Salier war das 11. Jahrhundert, sie regierten noch vor den Staufern, die dann im 12. und 13. Jahrhundert die Regentschaft übernahmen. Die Anfänge der

Burg gehen auf das 11. Jahrhundert zurück. Die Herrscher und Grafen wechselten in den vielen Jahrhunderten mehrmals. Die **Burg Löwenstein** bot auch Schutz für die Händler auf dem damaligen Salzhandelsweg, der von Schwäbisch Hall nach Heilbronn hier vorbei führte. Im 16. und 17. Jahrhundert zerfiel dann die Burg. Vom ehemaligen Bergfried sind heute nur noch die Grundmauern erhalten, aber der angebaute Wartturm mit Verlies untendrin wurde in den 70er Jahren als *Aussichtsturm* restauriert. Seine Form ist auffällig: unten quadratisch, oben halbrund. Dieser Turm wurde 1193 von den Calwer Grafen erbaut. Der gotische Eingang des Turmes liegt im ersten Stock. Man mußte also das erste Stück mit Hilfe einer Leiter oder eines Seiles überwinden. So schützte man sich vor ungebetenen Gästen. Heute führt natürlich eine Treppe außerhalb bequem hinauf. Nach dem wir 125 Stufen erklommen haben, bietet sich von oben ein weites Panorama ins Land hinaus. Wohlbehalten wieder unten angekommen, laden Bänke und Tische zu einer ritterlichen Rast ein. Im alten Palais sitzt man zwischen Resten von Steinwänden, nur das Dach darüber fehlt! Das Gelände mit seinen hohen Wehrmauern, Türmen und anderen Resten aus der Vergangenheit lädt zu weiteren Entdeckungen ein. Auch der Turmverwalter ist sehr gerne zu weiteren Auskünften bereit!

Irgendwann ist auch die längste Rast zu Ende und es heißt wieder aufzubrechen. Durch den Torbogen verlassen wir die Burg Löwenstein, halten uns links und wählen den unteren Weg. Durch den ehemaligen Burggraben hindurch und schon sehen wir gegenüber unser Wanderzeichen für den Rückweg: einen *roten Balken*. Wir erklimmen den schmalen Bergrücken und steigen weiter aufwärts. Nochmals bietet sich eine schöne Sicht auf den Breitenauer See und auf den Ort Löwenstein mit seiner Stadtmauer. An der *Hofackerhütte*, einer kleinen Schutzhütte, wandern wir geradeaus vorbei. Rechts an dem kleinen Felsriegel erkennen wir den felsigen Untergrund. Wie wenig Erde da nur obendrüber ist!

Weiter geradeaus dem *roten Balken* nach kommen wir an einem Baum mit einem tollen Wurzelgeflecht vorbei. Das sieht wirklich wie ein Kunstwerk aus. Wie weit ist es von hier noch bis zum Auto? Nur noch wenige Meter auf dem geteerten Weg und der Parkplatz ist wieder erreicht.

▷ *Wie kommt man zum Parkplatz „Aussicht" bei Löwenstein?*
Der Parkplatz befindet sich an der Straße zwischen Löwenstein und Mainhardt. Auf der B 39 durch Löwenstein hindurch und weiter in Richtung Mainhardt und Hirrweiler. Nach einer Linkskurve befindet sich der Parkplatz „Aussicht" auf der linken Seite.

○ *Weglänge:*   4 km

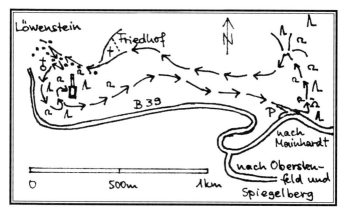

△ *Öffnungszeiten des Aussichtsturmes:*
Von März bis November
samstags, sonn- und feiertags   12.00–19.00 Uhr

∞ *Eintritt:*   Turmbesteigung
                       Erwachsene   DM 1,00
                       Kinder   DM 0,50

★ *Auskünfte:*
Bürgermeisteramt Löwenstein   Telefon 0 71 30/2 20

Burgverwalter   Telefon 0 71 30/22 21
(Herr Gabb)

Führungen nach Absprache   Telefon 0 71 31/7 06 01
(Herr Dähn)

Manfred-Kyber-Museum:

△ *Öffnungszeiten:* sonntags   14.00–17.00 Uhr
                    und nach Vereinbarung

∞ *Eintritt:*   pro Person   DM 1,00
                    bzw. freiwillige Spende

★ *Auskünfte:*   Telefon 0 71 31/ 7 06 01

☆ *Einkehrmöglichkeiten:*
Gasthöfe in Löwenstein
Getränke am Kiosk in der Burg

▭ *Kartenempfehlung:*
Naturpark Schwäbisch-Fränkischer Wald 1 : 50 000 Landesvermessungsamt Baden-Württemberg

Im Reich des Bunzich

Vom Parkplatz Enzwiese zum Zigeunerfohrle

Früher hauste in der Gegend zwischen dem Zigeunerfohrle und dem Waldhof ein lustiger kleiner Gnom: der Bunzich. Seine Füße waren so dürr wie die Äste eines Baumes und sein helles Lachen erinnerte an das Plätschern eines Baches. Viele Kinder und Erwachsene kannten ihn, denn er trieb gerne seinen Schabernack mit ihnen. Am liebsten warf er mit Kiefernzapfen, Eicheln oder Bucheggern nach vorbeikommenden Kindern. Wenn sie ihn dann riefen und suchten, steckte er manchmal seinen Kopf mit den binsengrünen Haaren zwischen den Bäumen und Sträuchern heraus. Leider hat man den Bunzich nun schon seit langer Zeit nicht mehr gesehen. Ob es uns wohl gelingt, ihn zu entdecken?

Wir starten am Wanderparkplatz *„Enzwiese"*. Vorsicht, wir gehen nicht geradeaus auf die breiten Waldwege zu, sondern zweigen – wenn wir in Richtung Straße zurückgehen – am Anfang des Parkplatzes nach rechts auf einem schmalen Pfad in den Wald ab. Der Weg ist mit einem *blauen Kreuz* und einem *blauen Punkt* gekennzeichnet. In Richtung *Eschenau/Unterheimbach* starten wir unsere Rundtour. Unser Steiglein mündet bald in einen Waldweg, dem wir nach rechts folgen. Bald darauf müssen wir – immer noch mit dem *blauen Kreuz* markiert – nach links weiter. An der Kreuzung wird – mit einem *liegenden blauen Hufeisen* – auf das Naturdenkmal *Hohlerstein* hingewiesen. Das besuchen wir beim Rückweg!

Nun geht es leicht bergab, immer dem Schotterweg folgend. Am *Gänsestall* (Gewannbezeichnung) erfahren wir auf einem Schild, daß es zum Zigeunerfohrle noch zwei Kilometer sind. Wenige Meter geht es geradeaus noch weiter, dann kommen wir an eine Gabelung. Nach links folgen wir nun dem *blauen Punkt*.

Zur Orientierung: auf dem Rückweg kommen wir wieder an der gleichen Stelle vorbei und zwar dann auf dem von rechts kommenden Weg.

Der Weg führt noch ein Stück auf der Höhe entlang, ehe er nach links hinunter in einen Hohlweg übergeht. An der nächsten Kreuzung heißt es rechts halten, immer dem ein wenig spärlich markierten *blauen Punkt* nach weiter bergab. Wir wandern rechts um den vor uns auftauchenden bewaldeten Bergrücken herum, nur kurz geht es nach links noch ein paar Schritte bergauf, ehe sich der Weg schön eben am Hang entlang dahinzieht. Zum Schluß rechts abwärts und unten erkennen wir schon die Zufahrtsstraße zum Parkplatz *Fried-*

richshof beim Zigeunerfohrle. Unten rechts haltend erreichen wir das **Zigeunerfohrle,** eine dicke alte Zwergkiefer. Früher lagerte hier gerne fahrendes Volk, daher hat der Baum seinen Namen erhalten. Eine überdachte Sitzgruppe mit einer Grillstelle lädt zur Rast ein.

Mit der Markierung *blauer Balken* in Richtung *Waldhof* verlassen wir den Rastplatz. Wir müssen nun eine Zeitlang auf dem befestigten

Am Zigeunerfohrle

Weg bleiben. Hier befinden wir uns mitten im Reich des Bunzich. Ob er uns wohl beobachtet? Wir erreichen die Abzweigung zum Waldhof, und der *blaue Balken* führt uns nach rechts weiter, ehe wir nochmals nach rechts in Richtung *Steinknickle-Aussichtsturm* den Schotterweg verlassen. Nun steigen wir auf einem schmalen Pfad bergan. Oben folgen wir dem *blauen Kreuz auf weißem Grund* nach rechts in Richtung *Löwenstein*. Immer geradeaus bleiben wir auf dem Pfad, bis wir zu der uns schon bekannten Weggabelung kommen, an der wir uns vorher orientiert haben. Kennt sich jeder wieder aus?

Aber nun wollen wir noch den *Hohlenstein* besuchen. Weiter geradeaus kommen wir zurück bis an den Wegweiser mit dem *liegenden blauen Hufeisen:* Dreihundert Meter bis zum Hohlenstein steht darauf. Hundert Meter später müssen wir links steil bergab. Ob sich der Abstieg wirklich lohnt? Am Naturdenkmal **Hohlenstein** sehen wir tatsächlich etwas nicht Alltägliches: eine interessante Felsenbrücke, unter der wir durchschlüpfen können. Unter der Felsenbrücke bleibt ebenfalls noch Platz für ein Bächlein.

Wieder oben angelangt, ist es bis zum Parkplatz nicht mehr weit. Links weiter und dann nochmals nach rechts – ein *Gehölzlehrpfad* und ein im Wald liegender *Spielplatz* laden zu einem gemütlichen Abschluß ein.

▷ *Wie kommt man zum Parkplatz „Enzwiese"?*

Der Wanderparkplatz „Enzwiese" befindet sich an der B 39 zwischen Löwenstein und Mainhardt. Von Löwenstein über Hirrweiler, an der Abzweigung nach Affaltrach geradeaus vorbei, dann nach ca. 500 m links zum Parkplatz abzweigen, an dem sich eine Grillstelle, ein Spielplatz und ein Waldlehrpfad befinden.

○ *Weglänge:*   mit Abstecher zum Hohlenstein 9 km

❀ *Tip:*

Auch der Parkplatz Friedrichshof am Zigeunerfohrle (bei Eichelberg) ist als Ausgangspunkt für diese Wanderung gut geeignet. Rastplatz und Grillmöglichkeit dann beim Waldspielplatz Enzwiese.

❀ *Was man sonst noch erleben kann:*

Der Breitenauer See ist in den Sommermonaten ein beliebtes Ziel für alle großen und kleinen Wasserratten. Vielleicht bleibt noch Zeit für eine erfrischende Abkühlung?

✤ *Hinweis:*
„Der Bunzich am Zigeunerfohrle" ist dem Buch „Der Stuben-sand-Jakob erzählt" von Ingeborg Pilgram-Brückner entnommen. Das Büchlein enthält noch weitere schöne Geschichten aus den Löwensteiner Bergen, die von Wurzelzwergen, Gnomen und El-fen erzählen, erscheint im Verlag Heilbronner Stimme und ist im Buchhandel erhältlich.

⌐ *Kartenempfehlung:*
Naturpark Schwäbisch-Fränkischer Wald 1 : 50 000 Landesver-messungsamt Baden-Württemberg

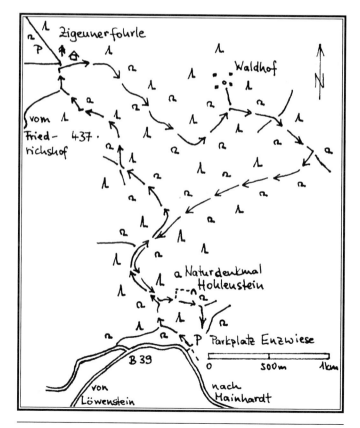

Auf den Spuren der Römer ❸

Zum sechseckigen römischen Wachturm bei Gleichen

In den nördlichen Ausläufern des Schwäbischen Waldes befindet sich eine Rarität römischen Ursprungs: ein sechseckiger Wachturm. Man nimmt an, daß er auf Grund seiner Lage und seiner Form vor allem für die Vermessung des Grenzwalles eine besondere Bedeutung besaß. Der obergermanische Limes verlief ja vom Main bis zum Haghof bei Welzheim etwa achtzig Kilometer lang auf einer gedachten schnurgeraden Linie. Nur ein einziges Mal sind die Römer vom geraden Verlauf abgewichen. Die tief einschneidende Klinge südlich des markanten sechseckigen Turmes wurde ausnahmsweise umgangen. Schon bald aber kehrten sie danach auf die „alte" Linie zurück. Auf der ausgebreiteten Wanderkarte läßt sich der Verlauf gut nachvollziehen. Von der Vermessung hatten die Römer schon vor 2000 Jahren erstaunlich viel Ahnung. Man denke nur an die Aquädukte, also an die römischen Wasserleitungen, die das köstliche Naß oft kilometerweit herbeiführten. Auch in einer Gegend wie dem Schwäbischen Wald war es bestimmt nicht einfach, über Berg und Tal hinweg die vorgegebene Richtung beizubehalten. In früheren Jahrhunderten war es gängige Lehrmeinung, daß der Neckar die natürliche Abgrenzung des römischen Weltreiches war. Erst gegen Ende des 19. Jahrhunderts wurde die Reichslimeskommission gegründet, die den Limes dann archäologisch erforschte. Auch der sechseckige römische Wachturm verdankt seine Entdeckung im Jahre 1893 der Reichslimeskommission.

So, nun wollen wir aber zum sechseckigen Wachturm hinwandern.

Am Wanderparkplatz bei *Untergleichen* können unsere kleineren Kinder gleich einen Limesturm erstürmen: als Spiel- und Klettergerüst ist er dem sechseckigen Turm nachempfunden. Schöne Idee!

Zu unserer Runde starten wir auf der Römerstraße. Das *rote Kreuz* in Richtung *Frohnfalls* zeigt uns den richtigen Weg. An einem Hof mit Pferden und Ziegen geht es vorbei und weiter über Felder. Später kann man hier vielleicht mal auf einer Allee wandern, doch bis dahin dauert es wohl noch einige Jahre. Die Bäume sind im Moment noch sehr jung!

Ehe es abwärts geht, zweigen wir nach links auf den Limeswanderweg Wörnitz-Rems-Main ab. Als Markierung haben wir nun den *schwarzen stilisierten Römerturm* und einen *roten Balken*. Am Eck befindet sich übrigens ein *Wildgehege*.

Geradeaus gehen wir auf dem schönen Weg in den Wald hinein. Nach einer Weile kommen wir an eine deutliche Kreuzung. Nach rechts können wir einen Abstecher an den Limes machen. Wie hat denn der Limes früher ausgesehen? Das markanteste am Limes war zum einen der Graben und dann natürlich der Wall. Der Palisadenzaun, also die nebeneinander in den Boden gerammten Holzpfähle, haben die vielen Jahrhunderte bis heute natürlich nicht überdauert, das ist ja jedem verständlich. Aber umso erstaunlicher ist es, daß der Graben und der Wall teilweise noch heute – also fast 2000 Jahre später – ganz deutlich in der Landschaft zu erkennen sind. Folgen wir der Spur ungefähr hundertfünfzig Meter nach rechts, fallen uns bestimmt die oben genannten Merkmale ganz deutlich auf. Ob wir auch einen römischen Wachturm finden? Das Schwierige an der Lokalisierung der Wachtürme ist, daß sie nicht unbedingt auf der Grenzbefestigung stehen müssen. Teilweise wurden sie auch einige Meter innerhalb der Grenze erbaut. Als Abstand zwischen den einzelnen Türmen hat man ungefähr vierhundert bis sechshundert Meter festgestellt. Wie soll man da im Wald überhaupt etwas finden? Selbst das Laub von nur einigen Jahren verdeckt so manche Spuren. Gehen wir einige Schritte nach links auf dem Limes entlang, sehen wir ein Viereck mit einer Vertiefung. Könnte das ein Turm gewesen sein? So kann man sich ganz gut in die Schwierigkeiten der Archäologen hineinversetzen.

Auf dem gleichen Weg kehren wir zu der Kreuzung zurück und wandern rechts auf dem markierten Limeswanderweg weiter. Auf dem moosigen und weichen Pfad läßt es sich sehr angenehm gehen. An der nächsten Kreuzung halten wir uns nach rechts, ein *roter Punkt* kommt als Markierung noch hinzu. Laut Wegweiser sind es noch dreihundert Meter bis zum besonderen **sechseckigen Römerturm**.

Bald ist der Turm und damit auch der Limes wieder erreicht. Der Turm ist nur in seinen Grundmauern rekonstruiert, die Mauerstärke von einem Meter entspricht auch der von den anderen Limestürmen. Im Durchmesser ist er etwa sechs Meter groß. Der Turm war früher zusätzlich von einem Graben umgeben. Deutlich sind die unterschiedlichen Limesrichtungen im Gelände ersichtlich.

Auf dem *roten Punkt* wandern wir die dreihundert Meter zur Kreuzung zurück. Ab hier folgen wir weiterhin der Markierung *roter Punkt*. Wir kommen an einer Hütte mit Grillstelle vorbei und sehen bald wieder die Pferdekoppel, nun von der anderen Seite. Nach rechts erreichen wir wenig später den Parkplatz. Auch hier besteht eine Rast- und Grillmöglichkeit.

Ein Späher auf dem Wachturm

▷ *Wie kommt man nach Untergleichen?*
Auf der Straße zwischen Pfedelbach bei Öhringen und Mainhardt nach dem Ortsanfang von Untergleichen nach links in die „Römerstraße" abbiegen und geradeaus weiterfahren bis zum Parkplatz mit Spiel-, Rast- und Grillmöglichkeit.

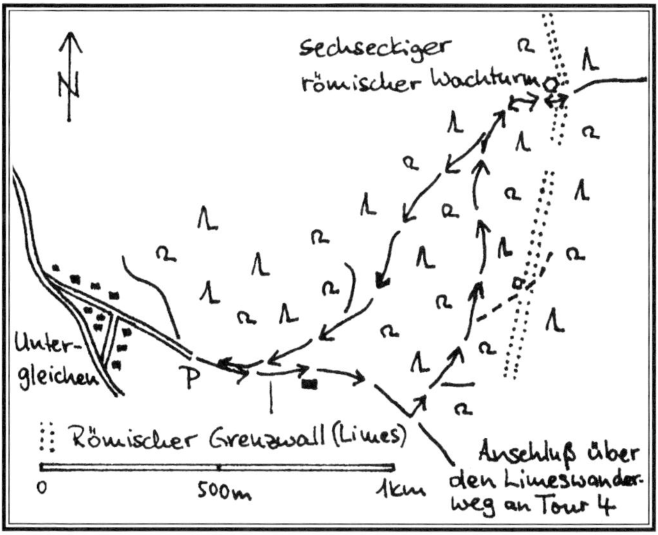

Sechseckiger
römischer Wachturm

Römischer Grenzwall (Limes)

Unter-
gleichen

P

0   500m   1km

Anschluß über
den Limeswander-
weg an Tour 4

○ *Weglänge:*   4 km

❀ *Was man sonst noch erleben kann:*
An der Straße von Untergleichen nach Mainhardt befindet sich
ein rekonstruierter römischer Wachturm aus Holz.
In Mainhardt gibt's ein Römermuseum zu besichtigen und in
Mönchsberg ist die Geschäftsstelle des Naturparks Schwäbisch-
Fränkischer Wald.

▷ *Wie kommt man zu dem hölzernen Wachturm?*
Von Untergleichen in Richtung Mainhardt. Immer geradeaus auf
dieser Straße bleiben. Nach der Abzweigung in Richtung Geißel-
hardt und Ziegelbronn noch etwa 500 m weiter in Richtung
Mainhardt. Dann nach rechts zum deutlich sichtbaren Holzturm
abbiegen.

△ *Öffnungszeiten:*
Der Turm ist das ganze Jahr über frei zugänglich.

▷ *Wie kommt man zum Römermuseum in Mainhardt?*
Das Museum befindet sich in der Ortsmitte in einer ehemaligen
Kapelle. Parkmöglichkeit am Glasbläserbrunnen (am Wochenende) auf den für das Rathaus reservierten Plätzen. Genau gegenüber
ist das Römermuseum.

△ *Öffnungszeiten:*
Montags-freitags während der Geschäftszeiten außer Mittwoch nachmittags (Schlüssel im Textilhaus Pasler-Rau), samstags und sonntags nach Vereinbarung.

★ *Auskünfte:*   Telefon 0 79 03/23 08 und 27 59

▷ *Wie kommt man nach Mönchsberg?*
Von Mainhardt geradeaus über die B 14 hinüber und an der nächsten Gabelung nach links. Die Geschäftsstelle befindet sich im ehemaligen Forstamt Mönchsberg am Ortsende auf der rechten Seite. Auf großen Tafeln wird der Naturpark Schwäbisch-Fränkischer Wald vorgestellt. Am Ortsanfang befindet sich übrigens ein schöner Spiel- und Grillplatz.

△ *Öffnungszeiten:*
Die Tafeln sind jederzeit frei zugänglich. Der Geschäftsführer steht bei Fragen gerne zur Verfügung. In der Regel ist er Donnerstag vormittags von 8.30 bis 12.00 Uhr in der Geschäftsstelle anzutreffen.

❀ *Tip:*
Diese Tour läßt sich mit dem Ausflugstip Nr. 4 zu einer größeren Runde erweitern (Anschluß an den Limeswanderweg, siehe Wanderkarte).

★ *Auskünfte:*   Telefon 0 79 03/13 31 bzw. 0 71 91/1 22 70

▢ *Kartenempfehlung:*
Naturpark Schwäbisch-Fränkischer Wald 1 : 50 000 Landesvermessungsamt Baden-Württemberg

Bachaufwärts zum Kalksbrunnen ❹

Bei Untersteinbach unterwegs

Bei dieser Tour kommen wir an einer interessanten Felsenquelle und einem hübschen Wasserfall vorbei. Die an sich recht kurze Wanderung kann bei Bedarf mit der vorigen Tour (Nr. 3) zu einem recht anspruchsvollen Tagesausflug kombiniert werden.

Den ersten Kilometer – und damit natürlich auch wieder den letzten – müssen wir dieses Mal leider auf einem geteerten Weg zurücklegen. Falls die Füße da heißlaufen sollten, kann man sie im *Kneipptretbecken* direkt am Parkplatz im voraus oder im nachhinein – oder auch beidesmal – erfrischen oder abkühlen.

Wir starten am Parkplatz in *Untersteinbach* auf dem für Fahrzeuge gesperrten Weg, der *rote Punkt* und die *Nr. 10* sind unsere zuverlässigen Wegweiser. An der großen Feldscheune auf der linken Seite haben wir schon etwa die Hälfte des Teerweges geschafft. Immer geradeaus aufwärts gelangen wir oberhalb eines Fischteiches an eine Gabelung. Wir nehmen den linken Weg in Richtung *Kalksbrunnen* am Waldrand entlang, weiterhin mit der *Nr. 10* markiert. Es geht in den Wald hinein, und an dem Bächlein entlang wandern wir durch ein idyllisches Tal schön eben dahin. Auf großen Steinen durchqueren wir das erste Mal den Bach. Bis wir später oben am **Kalksbrunnen** sind, haben wir uns an das „von-Stein-zu-Stein-hüpfen" gewöhnt! Da wir uns hier in einem Naturschutzgebiet befinden, müssen wir uns an gewisse Regeln halten, wie z. B. keine Blumen zu pflücken, keinen Müll fortzuwerfen oder keine Tiere zu stören. Für uns sollten diese Gebote natürlich selbstverständlich sein! Weiterhin bleiben wir auf dem abenteuerlichen Pfad am Bach entlang. In der engen Klinge hat es gerade Platz für den Bach und für uns! Mal müssen wir über Baumstämme drüber, mal besser untendurch. Je nachdem, wie der Bach sich sein Bachbett sucht und formt, bleibt für uns eher auf der linken oder eher auf der rechten Seite mehr Platz. Natürlich kann es dabei nicht ausbleiben, an der einen oder anderen Stelle zu versuchen, den Bach „umzuleiten" oder einen Staudamm zu bauen. Da die Runde nicht allzu lang ist, haben wir gewiß auch genügend Zeit für solche „wichtigen" Beschäftigungen.

Bald hört man jedoch schon den Wasserfall plätschern. Wir bleiben weiterhin imTal unten, denn wir haben von hier aus die besten Ausblicke auf den eleganten **Wasserfall**. Eigentlich ist elegant ein ungebräuchliches Wort für einen Wasserfall, aber auf diesen hier trifft es zu. Wir gehen daran vorbei und dann hilft uns eine Holzbrücke, um auf die andere Seite des Baches hinüberzukommen. Tolle Felsen mit vielen Nischen und Löchern wecken unsere Aufmerksamkeit. Das ist Kalksinter, auch Süßwasserkalk genannt, der sich hier gebildet hat. Er entsteht dadurch, daß die Kohlensäure des Wassers ent-

Wasser macht Spaß!

weicht und bei der Ausfällung diese Kalksteine aufbaut. Für die Sinterbildung sind neben kalkhaltigem Wasser vor allem auch Temperaturunterschiede ausschlaggebend. Trifft das hier zu? Das müssen wir erkunden.

Mit wenigen Schritten aufwärts erreichen wir den Zufluß. Das gibt es nicht oft: Das Wasser stammt aus einer *Felsenquelle*, die direkt vor unseren Augen hier entspringt. Der Quellaustritt ist wirklich etwas Besonderes. Auf dem kurzen Weg zum Wasserfall bleibt dem kalkhaltigen Wasser genügend Zeit, sich zu erwärmen und dadurch vermehrt Kohlensäure entweichen zu lassen. Durch Ausfällung werden dann diese interessanten Kalksinterfelsen gebildet. Da der Kalksinter ständig abgelagert wird, wächst der Wasserfall im Laufe der Zeit ganz langsam in die Höhe und natürlich auch allmählich nach vorne. Also daher kommt die elegante Form.

Eines ist sehr verführerisch, aber man sollte es vorsichtshalber unterlassen: den hervorspringenden Wasserstrahl von oben betrachten zu wollen. Wie schnell ist man an den steilen Felsen abgerutscht!

Wer sich satt gesehen hat und auch den Bach wieder „sich alleine überlassen" kann, hält sich vom Kalksbrunnen links aufwärts. Gleich darauf zweigt ein Steiglein nach rechts ab, auf dem wir hoch zu einem geschotterten Weg kommen. Nach rechts umwandern wir nun die *Kalksklinge*. Je nach Alter der Kinder könnte man sich auch überlegen, sie gleich rechts vom Bach durchs Gelände aufsteigen zu lassen, das macht den Abenteurern sicher viel Spaß. Wer die Tour nicht bis zum sechseckigen römischen Wachturm (Tour Nr. 3) ausdehnen will, hat nun die Möglichkeit, abzukürzen. Nach der Umrundung des oberen Teils der Klinge (wie in einer U-förmigen Schleife) zweigt ein Waldweg nach rechts ab. Darauf abwärts gelangt man auf den regulären Abstiegsweg, der mit einem *roten Punkt* markiert ist. Wer sich noch nicht entschieden hat, wie er weiterwandern möchte, bleibt weiterhin auf dem geschotterten Weg, auf dem sich ab und zu ein schöner Ausblick ins *Ohrntal* ergibt. Weniger schön ist es, daß der Weg sich langsam ansteigend bis zur nächsten Kreuzung hinzieht. Auf der *Römerstraße* geht es nach rechts weiter, hier haben wir die Markierung *schwarzer römischer Wachturm auf weißem Grund* und *roter Balken*. Schon bald muß die Entscheidung endgültig fallen: Die eine Möglichkeit ist, geradeaus auf der *Römerstraße* zu bleiben, am *Gleichener See* vorbei und dann auf dem *Limeswanderweg* weiter zum sechseckigen römischen Wachturm zu wandern. Für den anderen – kürzeren – Weg zum Auto zurück, halten wir uns scharf rechts in Richtung *Untersteinbach*. Der *rote Punkt* und die *Nr. 11* führen uns abwärts bis aus dem Wald hinaus und kurz darauf erkennen wir die erste Gabelung wieder.

Mit dem Blick hinaus ins Ohrntal wandern wir zurück zum Parkplatz. Wie gesagt, falls die Füße heißlaufen sollten, die hübsche Kneippanlage mit dem Wassertretbecken sorgt für rasche Abkühlung!

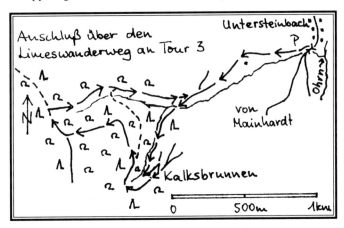

▷ *Wie kommt man zum Parkplatz in Untersteinbach am Kneipptretbecken?*
Untersteinbach liegt im Ohrntal südöstlich von Öhringen. Von Öhringen kommend am Ortsende von Untersteinbach vor der Brücke auf einem kleinen Weg nach rechts abbiegen und nach einer Linkskurve zum Parkplatz.
Auf der B 14 aus Richtung Mainhardt kommend weiter in Richtung Gailsbach und Öhringen. Immer der Straße nach, bis es rechts beschildert nach Untersteinbach geht. Gleich am Ortsanfang nach einer Brücke links in ein kleines Sträßchen abbiegen, wenige Meter danach befindet sich der Parkplatz auf der linken Seite.

○ *Weglänge:* Kleine Runde: 5 km
Große Runde mit sechseckigem
römischen Wachturm: 12 km

❀ *Hinweis:*
Weitere Informationen siehe bei Tour 3.

☆ *Einkehrmöglichkeiten:*
in Neuwirtshaus und Untersteinbach

▢ *Kartenempfehlung:*
Naturpark Schwäbisch-Fränkischer Wald 1 : 50 000 Landesvermessungsamt Baden-Württemberg

Ein Abstecher ins Himmelreich

Rundweg bei Gailenkirchen und Freilandmuseum Wackershofen

In andere Sphären kommen wir in der Umgebung von Schwäbisch Hall: Bei einer Rundwanderung bei Gailenkirchen kommen wir geradewegs durchs Himmelreich hindurch und im Freilandmuseum Wackershofen gibt's dann dazu die passenden Himmelbetten zu besichtigen. Wenn das keine guten Bedingungen für einen himmlischen Ausflug sind!

Damit auch wirklich genug Zeit für das Freilandmuseum bleibt, ist die Wanderung in diesem Kapitel nicht allzu lange. Vom Wanderparkplatz an der Hütte des Schwäbischen Albvereins gehen wir abwärts auf dem Weg, den wir gerade hochgefahren sind. Wir überqueren jedoch nicht die Bahngleise, sondern folgen dem Weg, der mit einem *blauen Punkt* gekennzeichnet ist, geradeaus in Richtung *Rinnen*. Parallel zu den Gleisen wandern wir bis zum nächsten Bahnübergang, dann heißt es rechts halten. Der Weg ist immer gut markiert und führt bald darauf in den Wald hinein.

Wir folgen weiterhin der Markierung, die uns den *Gliemenhaldeweg* nach links aufwärts führt. An der nächsten Kreuzung gehen wir noch einige Schritte nach links weiter, dann zeigt uns der *blaue Punkt* an, daß es auf einem schmalen Trampelpfad nach rechts weitergeht. Im Zick-Zack-Kurs gewinnen wir schnell an Höhe. Zwischendurch sollten wir den herrlichen Blick hinunter auf *Gailenkirchen* und die *Hohenloher Ebene* genießen.

Oben stehen wir wieder an einer Kreuzung. Nach rechts in Richtung *Waldenburg* – immer noch dem *blauen Punkt* nach – ist für uns der richtige Weiterweg. Auf einem weichen, ebenen und grasbewachsenen Pfad macht das Gehen Spaß. Wir treffen auf einen Schotterweg, den wir aber gleich wieder nach rechts verlassen. Vom Weg auf dem federnden Waldboden bieten sich immer wieder weite Ausblicke ins Hohenloher Land hinaus. Das schöne ebene Stück auf der Höhe entlang neigt sich dem Ende zu, wenn wir nach rechts den Markierungen folgen. Der *blaue Punkt* weist uns steil hinunter, dann überqueren wir einen Schotterweg und wandern geradeaus weiter. Hier sieht man keine Markierungen mehr, aber auf dem Pfad, dem wir immer geradeaus folgen, treffen wir wieder auf einen Schotterweg. Darauf nach links weiter und nun ist es nicht mehr weit bis zum *Grill- und Rastplatz*. Nochmals kann man schön auf Gailenkirchen hinunterblicken, Schwäbisch Hall ist im Kochertal unten versteckt, deshalb bleibt die Suche danach vergeblich.

Auf dem Weg ins „Himmelreich"

Wenige Minuten später erreichen wir dann die Feuerstelle. Hier rasten wir sozusagen im *Himmelreich*, ein Blick in die Karte zeigt, daß dies wirklich seine Richtigkeit hat. Wer nach einiger Zeit das Himmelreich wieder verlassen möchte, hält sich dem *blauen Punkt* nach rechts den Hohlweg hinunter in Richtung *Gailenkirchen*. Der

Abstieg ist schnell geschafft und sicher haben wir nun noch genügend Zeit für einen ausführlichen Besuch im Freilandmuseum Wackershofen, das sich ja gleich im Nachbarort befindet.

Also, auf geht's zu den Himmelbetten und zu noch viel mehr interessanten Ausstellungsstücken aus Großmutters und Urgroßmutters Zeiten.

Im **Freilandmuseum Wackershofen** werden seit Anfang der 80er Jahre die unterschiedlichsten Höfe, Handwerkerräume, Häuser und Nebengebäude wie ein kleines Dorf aus vergangener Zeit präsentiert. Die meisten Gebäude wurden transferiert, das heißt, sie wurden von ihrem ursprünglichen Standort hierher ins Museum gebracht. Meist war das nur möglich, indem man die jeweiligen Häuser in ihre Einzelteile zerlegt hat. Allerdings konnte bei zwei sehr kleinen Tagelöhner- Häusern eine Ausnahme gemacht werden: eines wurde komplett verladen und hier wieder aufgestellt, das andere in nur zwei Teile zerlegt. Übrigens, in dem kleineren der beiden Gebäude, die sich im Freilandmuseum einander gegenüberstehen, soll eine Familie mit zwölf Kindern gelebt haben!

Bei einer *Führung* durch das Freilandmuseum erfährt man sehr viel Interessantes, was man sonst wahrscheinlich gar nicht bemerken würde. Ein Beispiel zu dem erwähnten Himmelbett: Kam der Bauer mal wieder verspätet vom Stammtisch nach Hause, und die Bäuerin war schon zu Bett gegangen, erwartete ihn nichts Gutes. Da schaute nämlich die Frau des Hauses zwischen den zugezogenen Vorhängen des Bettes heraus und hielt ihm – na was wohl? – eine *Gardinenpredigt*. Warum hatten in früherer Zeit überhaupt viele Leute ein Himmelbett? Das hatte ganz praktische Gründe: Meist war die Decke des Zimmers nicht verputzt und so bot der Himmel Schutz gegen das, was da möglicherweise von oben herabkommen konnte. Noch ein Beispiel für eine gängige Redewendung, über deren Herkunft man sich meist wenig Gedanken macht: *Noch ein Eisen im Feuer* hatten im wahrsten Sinne des Wortes manche Hausfrau und vor allem natürlich die Schneider. Sie erhitzten nämlich die Unterteile ihrer Bügeleisen, von denen sie mehrere hatten, auf dem Herd oder einem speziellen Bügeleisenofen. Der Holzgriff wurde nach einer gewissen Zeit in ein anderes Eisen eingeklinkt und schon konnte mit dem nächsten heißen Eisen weitergebügelt werden!

Das umfangreiche Veranstaltungsprogramm bietet unter anderem Führungen, interessante Handwerkertage, Kindertage und Feste wie das Backofen- und Schlachtfest an. Daneben gibt es noch zahlreiche weitere Aktivitäten! Das ausführliche Veranstaltungsprogramm mit den genauen Terminen kann angefordert werden.

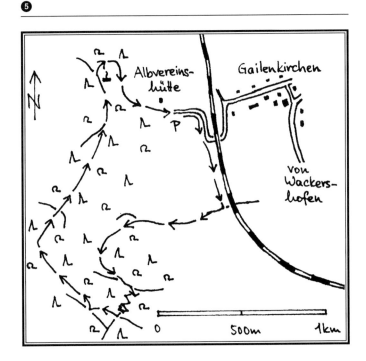

> *Wie kommt man nach Gailenkirchen und Wackershofen?*

Von Schwäbisch Hall auf der B 14 in Richtung Mainhardt, bis es rechts beschildert zum Freilandmuseum Wackershofen und nach Gailenkirchen abgeht.

Zum Ausgangspunkt der Wanderung fahren wir am Freilandmuseum Wackershofen vorbei und weiter geradeaus nach Gailenkirchen. Im Ort halten wir uns links auf der „Moorstraße" und fahren nochmals links die „Beilsteinstraße" hinauf. Oben links, dann über die Bahngleise hinweg und rechts auf dem unteren Weg bis zum Wanderparkplatz auf der linken Seite.

○ *Weglänge:*   knapp 5 km

Freilandmuseum Wackershofen

> *Wie kommt man hin?*

Von Gailenkirchen zurück nach Wackershofen. Die Parkplätze befinden sich vor dem Ortsanfang auf der rechten Seite.

△ *Öffnungszeiten:* April und Oktober
dienstags bis sonntags   10.00–17.30 Uhr
Mai bis September
dienstags bis sonntags   9.00–18.00 Uhr
Juli und August
auch montags geöffnet

∞ *Eintritt:*   Erwachsene   DM 7,00
Jugendliche   DM 5,00
Kinder ab 6 Jahren   DM 4,00
Pro Familie muß nur ein Kind zahlen!

★ *Auskünfte:*   Telefon 07 91/8 40 61

☆ *Einkehrmöglichkeiten:*
in Gailenkirchen und im Freilandmuseum Wackershofen
am Wochenende Hütte des Schwäbischen Albvereins (direkt am Wanderparkplatz) geöffnet

▭ *Kartenempfehlung:*
Naturpark Schwäbisch-Fränkischer Wald 1 : 50 000 Landesvermessungsamt Baden-Württemberg

Zu den wahren Künstlern der Luft   **6**

Zu Segelfliegern und Greifvögeln bei Oberstenfeld

Bei Völkleshofen zwischen Oberstenfeld und Backnang haben die Backnanger Segelflieger ihr Fluggelände. Den Segelfliegern zuzuschauen macht nicht nur an den speziellen Flugtagen Spaß, auch an

Ob wir's auch mal wagen sollen?

anderen Tagen kann man aus allernächster Nähe den Hobbyfliegern über die Schulter bzw. ins Cockpit schauen. Es besteht auch die Möglichkeit, selbst mal „in die Luft zu gehen". Schon bei der Anfahrt zum Waldparkplatz werden wir durch ein Verkehrsschild auf landende bzw. startende Segelflugzeuge hingewiesen.

In Beilstein können wir die anderen Meister der Lüfte bewundern: Rund um die Burg gibt es zahlreiche Jagd- und Greifvögel zu besichtigen, die bei den Flugvorführungen ihr Können und ihre Technik zeigen. Es ist für alle bestimmt beeindruckend, wenn sich die große Eule von dem fünfeckigen, efeuumrankten Bergfried, dem „Langhans", auf ihre Beute hinunterstürzt. Auch frei herumfliegende Geier bekommt man sonst ja selten zu Gesicht.

Unsere Wanderung geht heute durch den westlichen Teil des Schwäbischen Waldes und man hat mehrere schöne Ausblicke auf das Bottwar- und das Neckartal mit den markanten Erhebungen Wunnenstein und Forstberg. Da wir schon auf der Höhe starten, müssen wir uns die Aussicht dieses Mal nicht mühsam Stück für Stück erarbeiten bzw. erwandern. Unsere Runde verläuft auf fast ebenen Wegen, auf denen man ohne Anstrengung bequem vorwärtskommt.

Vom Parkplatz „*Starenbühl*" aus wandern wir an der Übersichtstafel vorbei und folgen den *roten Nummern 1* (anfangs auch der *Nr. 4*) in den Wald hinein. Immer geradeaus (nicht links) bleiben wir im hellen Laubwald. Wenig später kommen wir oberhalb von Weinbergen vorbei. Links die Turmspitze gehört zum Schloß Lichtenberg, die Ortschaft im Tal unten ist Oberstenfeld.

Unser Weg trifft auf den *Eichhäldenweg*. Wir zweigen nach links ab und wandern an der Geländekante entlang weiter. Was ist denn das, eine Geländekante? Ein Beispiel: Geländekanten, die jeder kennt, sind Böschungskanten. Die oberen und unteren Böschungslinien zeigen jeweils einen Übergang vom flachen zu steilem bzw. wiederum vom steilen zum flachen Gelände. Die Übergänge nennt man Bruch- oder eben Geländekanten.

Wir gehen hier wie an einer großen Böschung entlang, denn links zieht ein steiler Hang hinunter und auf der rechten Seite beginnt der fast ebene bewaldete Bergrücken. In einem großen Bogen umrunden wir auf einem schmalen Pfad den ganzen Berg. Durch die Bäume hindurch haben wir einen schönen Blick auf das Bottwartal mit seinen Erhebungen und Ortschaften. Beim Weitergehen kommen wir an einem besonderen Baumstumpf vorbei. Er bietet sich als Sitz an, sogar mit Lehne! Wie lange er wohl bestehen bleibt? Der kleine Pfad mündet in einen Schotterweg ein. Nach links ist nun mit wenigen Schritten der Wanderparkplatz „Krugeiche" erreicht. Die Krugeiche ist ein Naturdenkmal, mißt in der Höhe stattliche 32 Meter und ist um die hundertfünfzig Jahre alt. Nach rechts weist uns ein Schild auf den Spielplatz, an dem man auch prima rasten und grillen kann. Auf dem *Waldschulweg* geradeaus entpuppt sich der Spielplatz als weitläufiges Spielgelände mit vielerlei Geräten und Spielmöglichkeiten. Ganz am Ende befindet sich sogar eine zweite Grillstelle. Nach einer ausgiebigen Rast haben wir bestimmt noch Lust auf eine kleine Zusatzrunde. Sie führt auf dem *Waldschulweg* geradeaus weiter, bis es dann links um die Kurve geht.

Auf dem *Waldlehrpfad* erfahren wir viel Wissenswertes aus den Themenbereichen Baumarten, Waldfunktionen, Bodenstruktur und örtliche Gegebenheiten. Besondere Anziehungskräfte werden jedoch die überwachsenen Reste der ehemaligen *Scheiterburg* besitzen, an denen wir im Laufe des Lehrpfades auch vorbeikommen. Die damaligen Burgherren hatten sich wahrlich einen schönen Platz für ihre Anlage ausgesucht. Leider wurde die Burg schon im 14. Jahrhundert zerstört. Wo könnten Mauern bzw. Reste davon verborgen sein? Da bleibt viel Spielraum für die Phantasie!

Aus der Ferne grüßt der Bergfried der *Burg Beilstein* herüber. Die ehemalige Burg ist heute Sitz einer Falknerei, die in den Sommermonaten interessante Flugvorführungen mit Jagd- und Greifvögeln aller Art anbietet.

Auf dem Rückweg zum Spielplatz erfahren wir, was Forstleute heute unter einem „Hexenbesen" verstehen. Sie sprechen dann von Hexenbesen, wenn sich dichte Zweigbüschel mit überhäufter Nadelbildung an den Bäumen zeigen. Ob man darauf mal das „Reiten" probieren sollte? Bald darauf eröffnet sich uns – über Weinberge hinweg – ein weiter Ausblick hinaus ins Bottwar- und Neckartal. Die markanten Erhebungen sind mehr links der *Wunnenstein* und rechts danebender *Forstberg*. Ganz rechts erkennen wir nochmals die Burg Beilstein, Oberstenfeld ist die Ortschaft, die uns zu Füßen liegt.

Links auf dem geteerten Fahrweg erreichen wir nun bald wieder den Parkplatz „Krugeiche". Ob wir weitergehen können, ohne dem Spielplatz nochmals einen Besuch abzustatten?

Wir überqueren den Parkplatz geradeaus und sind dann richtig, wenn wir dem *Birkebeneweg* und den *roten Nummern 1* und *8* folgen. Immer geradeaus bleiben wir auf dem Weg und erreichen die „*Völkleshofer-Kurzacher-Straße*". Nur noch ein paar Meter nach rechts, das *rote Kreuz* weist uns auf dem allerletzten Abschnitt den richtigen Weg zum Parkplatz zurück.

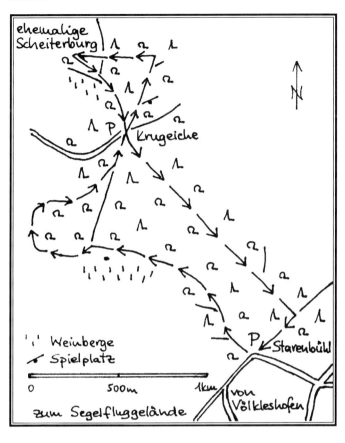

ehemalige
Scheiterbourg

Krugeiche

Weinberge
Spielplatz

0   500m   1km

zum Segelfluggelände

P Starenbühl

von
Völkleshofen

▷ *Wie kommt man zum Parkplatz Starenbühl und zum Segelflugplatz?*
Auf der Straße von Oberstenfeld nach Backnang bei Neuwirtshaus nach links in Richtung Altersberg und Völkleshofen abzweigen. An Völkleshofen vorbei, dann in einer Kurve nicht der
Straße folgen, sondern auf einem Fahrweg an dem Schild „Vorsicht Segelflugzeuge" geradeaus. Auf diesem Weg weiter nach
rechts bis zum Parkplatz am Waldrand. Nach links kommt man
zum Flugplatz der Segelfliegergemeinschaft Backnang.

○ *Weglänge:*   7 km

Segelfliegergemeinschaft Backnang
An Sonntagen ist Flugtag. Wer ganz sicher gehen will, versichert
sich durch vorherigen Anruf, ob und wann jemand anzutreffen ist.

∞ *Flugpreise:*

Segelflug:	unter 10 Minuten	DM	10,00
	je Minute mehr	DM	1,00
Motorflug:	pro Stunde (für 3 Personen)	DM	270,00
	(auch viertel oder halbe Stunde möglich)		

★ *Auskünfte:*   Telefon 0 71 48/88 00
(Flugplatz)

Telefon 0 71 91/6 56 02
(Vorstand Rainer Gebhardt)

▷ *Wie kommt man zur Falknerei auf Burg Beilstein?*

Über Oberstenfeld weiter nach Beilstein. Im Ort rechts in Richtung Gronau/Schmidhausen abzweigen, dann links weiter hoch zur Burg Hohenbeilstein (ausgeschildert). Parkplätze links oder noch weiter geradeaus und dann rechts. In wenigen Minuten zu Fuß zum Eingang hinauf.

Mit dem Auto erreicht man die Falknerei in wenigen Minuten (Entfernung vom Wanderparkplatz: 9 km)

△ *Öffnungszeiten:* April bis September   9.00–17.00 Uhr
November bis März   geschlossen
montags   Ruhetag

∞ *Eintritt mit Flugvorführung:*

Erwachsene	DM	8,00
Kinder 4 bis 14 Jahre	DM	4,00
Studenten	DM	7,00

Die Flugvorführungen finden jeweils um 15.00 Uhr statt, an Sonn- und Feiertagen um 11.00 Uhr und 15.00 Uhr.

★ *Auskünfte:*   Telefon 0 70 62/40 63

☆ *Einkehrmöglichkeit:*

Burggaststätte Hohenbeilstein (montags Ruhetag)
Telefon 0 70 62/57 70

▢ *Kartenempfehlung:*

Naturpark Schwäbisch-Fränkischer Wald 1 : 50 000 Landesvermessungsamt Baden-Württemberg

Im Wald, da sind die Räuber ... ❼

... besonders bei Spiegelberg!

Spiegelberg und Umgebung ist auch Jahrzehnte und Jahrhunderte nach der eigentlichen Zeit der Räuber noch mit denselben verbunden. Ganz augenscheinlich wird an jedem Parkplatz auf den Räuberweg hingewiesen, der auf sechzig Kilometern rund um Spiegelberg führt.

Die zweite Beziehung ist nicht auf den ersten Blick zu erkennen. Sie hängt nämlich mit dem ehemaligen Silberstollen zusammen, den wir unterwegs auf unserem Ausflug noch kennenlernen werden.

Um das Jahr 1770 herum wurden aus Wüstenrot – nicht weit weg von hier – Silberfunde gemeldet. Das war eine Sensation für die damalige arme Bevölkerung, die der Gedanke an einen schnellen Reichtum fesselte. Ein arbeitsloser Bergrat namens Riedel aus Sachsen kümmerte sich um die Angelegenheit und stellte nach – gefälschten – Schmelzproben eine Ausbeute von etwa einem Pfund Silber pro Zentner Gestein in Aussicht. Es folgte der Bau mehrer Silberstollen in Wüstenrot, Großerlach, Neulautern, Löwenstein und in Spiegelberg, die durch private Geldgeber finanziert wurden. Auch Johann Caspar Schiller, der Vater des bekannten Dichters, befand sich unter den gutgläubigen Darlehensgebern. Pochwerke zum Zerkleinern des Steinmaterials und Schmelzöfen, Arbeitslohn für die gutbezahlten Bergleute und Hilfskräfte – die Ausgaben stiegen, aber nie stieß man auf die versprochenen Silberfunde. Schon ein Jahr später ging es rasch bergab. Bergrat Riedel wurde daraufhin verhaftet, aber die Geschädigten blieben auf ihren Schulden sitzen. Heute kann man immer noch die Reste der damaligen Stollen in etlichen Klingen finden. Teilweise sind sie zum Schutz der dort überwinternden Fledermäuse vergittert.

Natürlich kennt man heute die Geologie des Schwäbischen Waldes viel besser, aber damals wurde andernorts ebenfalls entweder nach Kohle oder Edelmetallen gesucht. Diese Leute ließen nichts unversucht, um ihren mäßigen Erwerb als Bauern und Waldarbeiter aufzubessern.

Soweit, so gut, aber wo bleiben die Räuber?

Friedrich Schiller, der berühmte Sohn des geschädigten Johann Caspar Schiller, befand sich zu der Zeit auf der Militärakademie, der späteren „Hohen-Carls-Schule" in Stuttgart. In dem bekannten Schauspiel „Die Räuber", das Ende der 70er Jahre des 18. Jahrhunderts entstand, erhält einer der Räuber den Namen Spiegelberg, nach der gleichnamigen Ortschaft im Lautertal. Man kann sich sicher vorstellen, daß er aufgrund der oben erwähnten Vorkommnisse keine noble Rolle in diesem Stück erhalten hat.

Auf unserer Rundtour kommen wir natürlich an dem ehemaligen Silberstollen vorbei. Auch eine imposante Schlucht und der bekannte Aussichtsturm auf dem Juxkopf können besucht werden, dies als erste Information für diesen Ausflug.

Vom Parkplatz aus sehen wir schon wenige Meter aufwärts an der rechten Straßenseite einen Brunnen. Dort weist uns ein Holzschild den Berg hinauf in Richtung *Stocksberg*. Auf Geländestufen gewinnen wir schnell an Höhe und kommen zwischen den Häusern der „Unteren Roßstaige" auf eine Fahrstraße.

Nach links können wir auf einigen ebenen Metern verschnaufen, ehe es wiederum aufwärts, diesmal nach rechts, geht. Über Wiesen steigen wir immer geradeaus aufwärts. Kurz geht es durch einen Wald hindurch und schon sehen wir die ersten Häuser der „Oberen Roßstaige". Der Weg wendet sich nach rechts und gegenüber sehen wir den *Aussichtsturm auf dem Juxkopf* und davor auf dem Wiesenhang wedeln im Winter die Skifahrer herunter. Rechts, auf dem unteren Schotterweg gegenüber kommen wir nachher zurück, soviel zur Orientierung.

An dem Fahrsträßchen, das wir daraufhin erreichen, halten wir uns rechts aufwärts und lassen bald die letzten Häuser hinter uns. Am Waldrand heißt es sich nach links wenden, ein Brunnen bietet sich als Möglichkeit zur Abkühlung an. Wir haben nun den Aufstieg geschafft, wandern am Wasserbehälter und an Wochenendgrundstücken vorbei zu einer Schranke. Weiterhin noch etwa fünfzig Meter geradeaus, dann an einem schönen alten Grenzstein nach links in den Wald hinein. Die bezeichneten Wege gehen an dieser Stelle geradeaus weiter.

Auf dem schönen Waldweg – im Herbst toll zum Rascheln im Laub geeignet – kommen wir schön eben vorwärts. Wir bleiben immer an der oberen Kante des nach links abfallenden Hanges. Wenn wir geradeaus den nächsten Querweg erkennen können, ist der Silberstollen fast erreicht. Ein mit einem *blauen Punkt* markierter Weg zieht sich nach links hinunter. Schon nach wenigen Schritten weist uns ein Hinweisschild zum **Silberstollen** nach rechts. Im Frühjahr 1995 war er noch zugänglich, aber oben am Weg lagen schon Gitter bereit. Ob er wohl ebenfalls vergittert werden soll? Durch den niedrigen Eingang kann man einige Meter in den Silberstollen hineinschlüpfen. Durch das fließende Wasser, das Sand und Erde mit sich bringt, ist der weitere Gang wohl im Laufe der Zeit immer mehr zugeschüttet worden.

Beim Weitergehen – übrigens weiter nach rechts hinunter dem *blauen Punkt* nach – kann sich jeder überlegen, ob er schon mal was von „Erosion" gehört hat und was er sich darunter vorstellt. Hier auf dem Weg läßt es sich nämlich schön erklären. Ganz deutlich sieht man die tiefen Rinnen, die das Wasser besonders nach starken Regenfällen in den Weg gegraben hat. Erosion bedeutet nämlich die Auswaschung und Abtragung der Erdoberfläche durch Wasser, Wind oder andere Einflüsse. Natürlich geht dieser Vorgang umso schneller, desto steiler und weniger bewachsen das Gelände ist. Leicht läßt sich vorstellen, daß Erosion in größerem Umfang ganze Landschaften verändern kann.

Unser kleiner Weg weitet sich zum Schotterweg und bald sind wir beim kleinen *Silberbrunnen* in der Talsohle unten angelangt. Wir überqueren die Straße und halten uns gleich rechts zum Bach hinunter. Gegenüber sehen wir den nächsten *blauen Punkt*. Also müssen wir hinüber. Bei normalem Wasserstand kann man mühelos – von Stein zu Stein springend – das Bächlein überqueren. Nach starken Regenfällen erfordert es einiges mehr an Geschick!

Ein Steiglein führt kurz und steil einen mit Heidelbeersträuchern übersäten Hang hinauf. Vielleicht vergnügen sich die einen noch ein Weilchen am Wasser, während der Rest der Familie für den Nachtisch sorgt!

Oben treffen wir auf einen geschotterten Weg, nach links ist unsere Richtung. Ein Findling am Wegesrand zeigt an, daß der Weg 1977 gebaut wurde. Wir haben einen schönen Blick auf den ersten Abschnitt unserer Tour: Untere und Obere Roßstaige und über die ganze Wiese zwischendrin sind wir hochgestiegen! Bald darauf hören wir das Rauschen von Wasser. In der Schlucht angekommen, haben wir die Wahl: Nach links hätten wir die Möglichkeit, in wenigen Minuten zum Auto zurückzukehren. Nach rechts, dem *roten Balken* nach, wenden sich alle, die die Hüttlenswaldschlucht kennenlernen und erkunden wollen.

Sie fängt gleich wildromantisch an: Über nicht ganz vertrauenswürdige kleine Holzbrücken steigen wir an einem kleinen Wasserfall entlang aufwärts. Weiter oben sieht man große Felsbrocken in der engen Klinge liegen. Ob da wohl mal was eingestürzt ist? Bei der Betrachtung der nächsten Felsformation vielleicht gar kein so abwegiger Gedanke. Unter den überhängenden Felsen findet man selbst bei Regenwetter ein trockenes Plätzchen. Aber in der **Hüttlenswaldschlucht** gibt es noch mehr zu sehen: Im Zick-Zack-Kurs steigen wir zu einer *Felsenbrücke* hinauf. Seilversicherungen geben zusätzliche Sicherheit. Ob die Naturbrücke uns tatsächlich aushält? Noch ein Stück aufwärts, dann kommen wir am Wanderparkplatz „*Zollstock*"

In der Hüttenwaldschlucht

heraus. Ein *Spiel- und Grillplatz* befindet sich auf der rechten Seite oberhalb des Parkplatzes.

Wer zuerst noch weiter bis zum **Aussichtspunkt auf dem Juxkopf** möchte, um dort zu rasten, überquert die Straße und folgt dem *Lehrpfad* und dem *roten Balken* links aufwärts. Nach einem kurzen Steilaufschwung wandern wir auf der Höhe geradeaus direkt auf den 1932 erbauten Holzturm zu. Von hier aus hat man weite Ausblicke auf die Höhen und Täler des Schwäbischen Waldes.

Nach einer Rast – mit oder ohne Abstecher zum Juxkopf – haben wir nur noch den Abstieg vor uns. Wir verlassen den Parkplatz wieder auf der unteren linken Seite, bleiben aber auf dem Weg, der parallel zur Straße verläuft und zweigen nicht nach links in Richtung Hüttlenswaldschlucht ab.

Wieder können die Augen hinüber auf den Gegenhang wandern und jeder kann sich daran freuen, was für eine Strecke wir heute schon zurückgelegt haben. Ehe wir meinen, nun auf die Straße zu treffen, steigen wir auf einem deutlichen Weg nach links abwärts. Die ehemals schöne Anlage *Hüttlenswaldbrunnen* liegt links am Weg und ist inzwischen dick von Moos überwachsen. Über einen Querweg hinüber und weiter geradeaus hinab. Rechts von uns – man sieht es auf der Wanderkarte – liegt eine Häusergruppe mit Namen *Hüttlen*, nach der auch die vorhin begangene Schlucht ihren Namen erhalten hat. Dieser Name geht auf einen alten Glashüttenstandort zurück, wie ja auch im Namen *Spiegelberg* die Verbindung zum Glas ganz deutlich zum Ausdruck kommt. Auch Jux war ein ehemaliger Standort einer Glasbläserei. Die Arbeiter wohnten in der Nähe davon in Hütten, woran der Name *Hüttlen* bis in unsere Zeit erinnert.

Immer geradeaus, zum Schluß im Zick-Zack-Kurs, erreichen wir auf dem schmalen Pfad das Tal. Noch ein letztes Mal nach rechts und der Parkplatz ist wieder erreicht.

▷ *Wie kommt man zum Parkplatz bei Spiegelberg?*

Spiegelberg liegt im Lautertal zwischen Sulzbach und Löwenstein. Von Sulzbach kommend in den Ort hinein und dann nach links in Richtung Oberstenfeld und Prevorst. Der Parkplatz befindet sich etwa 1 km nach der Abzweigung auf der linken Seite.

○ *Weglänge:*   insgesamt 8 km (ohne Juxkopf gut 1 km weniger)

Aussichtsturm auf dem Juxkopf

△ *Öffnungszeiten:*

Der 1932 erbaute Aussichtsturm ist 22 m hoch. An Sonn- und Feiertagen in den Sommermonaten ist er geöffnet und die kleine Juxkopfhütte bewirtschaftet. Den Schlüssel zum Turm kann man auch im Gasthaus „Löwen" in Jux erhalten.

| ∞ *Eintritt:* | Erwachsene | DM 1,00 |
| | Kinder | DM 0,50 |

✿ *Tip:*
Bei diesem Ausflug ist eine Taschenlampe im Rucksack für die Erkundung des Silberstollens sicherlich von Vorteil!

☆ *Einkehrmöglichkeiten:*
in Jux und in Spiegelberg

▭ *Kartenempfehlung:*
Naturpark Schwäbisch-Fränkischer Wald 1 : 50 000 Landesvermessungsamt Baden-Württemberg

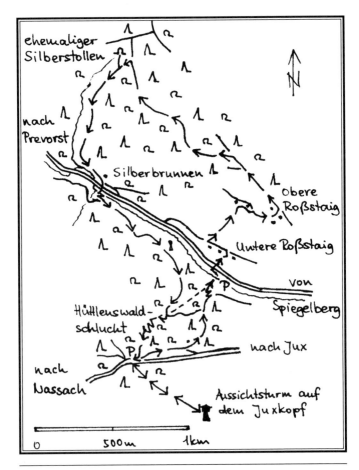

Abenteuer beim Hohlen Stein

Schluchten und Klingen bei Vorderbüchelberg

Man glaubt es kaum, daß man sich so nahe an der „Zivilisation" befindet, wenn man bei dieser Wanderung unterwegs ist. Wir steigen auf schmalen Stegen durch enge Schluchten aufwärts, können unter einem überhängenden Felsen rasten und dabei noch einen kleinen Wasserfall bestaunen – eine richtige abenteuerliche Wanderung.

Wir starten vom Parkplatz beim „*Denteltal-Spielplatz*". Die hundertfünfzig Meter bis zum Waldspielplatz müssen wir entlang der Straße zurücklegen, dann gehen wir mitten durch den großzügig angelegten Spiel- und Rastplatz hindurch. Wir treffen auf einen Schotterweg, dem wir nach links folgen. Wenige Meter später stoßen wir auf den *Georg-Fahrbach-Weg (GFW)*, der mit einem *roten Balken* markiert ist. Nun heißt es rechts halten. Beim Weitergehen können wir überlegen, ob jeder weiß, was eine *Furt* ist? Früher gab es noch nicht so viele Brücken wie heute. Die Fuhrleute überquerten daher die Bäche oder Flüsse an möglichst flachen Stellen. Solche Übergänge nennt man Furten. Auch wir müssen nun den Dentelbach an einer Furt, also an einer flachen Stelle im Bach, überqueren. Bei normalem Wasserstand ist das jedoch überhaupt kein Problem. Von Stein zu Stein hüpfen wir ans andere Ufer.

Ab hier verläuft der *Georg-Fahrbach-Weg* ein Stück weit auf der wenig befahrenen Straße nach Vorderbüchelberg. In der scharfen Linkskurve der Straße wandern wir geradeaus auf dem *Denteltal-Hangweg* weiter.

Aha, zum Hohlen Stein sind es noch 1,5 Kilometer, können wir auf dem Wegweiser lesen. Der *rote Punkt* ist nun unsere Markierung, die uns den richtigen Weg weist. Bald gelangen wir an eine Gabelung. Zur Orientierung: Hier kommen wir von links beim Rückweg an der gleichen Stelle wieder vorbei. Zum Hohlen Stein bleiben wir aber auf dem Schotterweg, immer gut mit dem *roten Punkt* markiert. Noch ein wenig aufwärts und bald ist der „Einstieg" in die Tobelschlucht erreicht, in der sich der Hohle Stein befindet. Nach rechts, der Markierung nach, kommen wir an einem schönen Brunnen mit Bänken sicherlich nicht ohne eine kurze (Spiel-)Pause vorbei. Nun wird es wild-romantisch: Über einen Holzsteg geht es hinüber und dann aufwärts, unser schmaler Steig bleibt immer am Rande oberhalb der Schlucht. Eine Klinge muß durchquert werden, und immer höher kommen wir hinauf. Ganz schön weit wandert unser Blick in die Schlucht hinunter. Kurz folgen wir links einem Schotterweg, ehe

Auf Entdeckungstour

es wieder rechts zum Hohlen Stein abzweigt. Noch ein paar Schritte und wir stehen vor dem **Hohlen Stein**: Ein Wasserfall plätschert über ihn herab und eine Bank steht unter dem ausgehöhlten Felsen. Aber wir steigen noch weiter durch die Felswildnis aufwärts. Der Weg ist mit einem Holzgeländer gesichert, da heißt es vorsichtig und aufmerksam sein. Und was erwartet uns da? Rundherum sehen wir hier noch mehr „hohle Steine".

Wir stehen wie in einem Talkessel. Müssen wir umkehren oder können wir hier noch weiter? Wer sieht eine Möglichkeit zum Durchkommen? Ja, oben rechts verläßt ein schmales Steiglein die wilde Tobelschlucht.

Kaum zu glauben, daß wir nur wenige Schritte später an einem schönen *Grillplatz* herauskommen. Hier können wir eine Rast einlegen.

Weiter geht's über die Straße hinüber und rechts den *Fischbachweg (roter Balken)* entlang. Aufgepaßt, unser markierter Weg zweigt gleich nach links ab! Nochmals steigen wir aufwärts, oben am Waldrand müssen wir uns links halten und dann geradeaus weiter über die Felder der *Greuter Höhe*. Eine herrliche Sicht weit ins Land hinaus eröffnet sich uns hier auch ohne Aussichtsturm. Und was das Schönste ist: Ab jetzt geht es nur noch abwärts!

Immer geradeaus gelangen wir zum Parkplatz „*Seewiese*". Wir müssen noch vor der Wiese auf der linken Seite nach links in den Wald abzweigen. Weiterhin ist der *rote Balken* unsere Markierung. Schon wenige Schritte später finden wir uns in der nächsten romantischen Klinge wieder. Wild sieht es hier aus: umgefallene Bäume, schroffe Felsen, der Bach und wir mittendrin. Über unzählige Holzstege zieht sich der schmale Trampelpfad durch das Naturschutzgebiet *Bodenbachtal* abwärts. Orientierungsprobleme gibt es hier keine, da wir nur dem markierten Weg folgen müssen. So gelangen wir wieder an die Weggabelung, die wir uns vorher bestimmt gemerkt haben. Rechts auf dem inzwischen bekannten Weg abwärts, bis zum Parkplatz beim Waldspielplatz, wandern wir genau den gleichen Weg, den wir hergekommen sind, wieder zurück. Auf dem Waldspielplatz lassen sich dann noch nicht verbrauchte Energien loswerden – oder bei Bedarf auch neue tanken!

▷ *Wie kommt man zum Parkplatz bei Spiegelberg?*
Auf der B 14 über Backnang nach Sulzbach. Links das Lautertal aufwärts bis nach Spiegelberg. Durch den Ort geradeaus hindurch und nach etwa 1 km auf der „Idyllischen Straße" rechts nach Vorderbüchelberg abbiegen. Der Parkplatz befindet sich rechts nach wiederum etwa 1 km, noch vor dem Waldspielplatz mit Grillstelle, der links liegt. Wenige Parkmöglichkeiten bestehen beim Beginn des Denteltal-Hangweges (in der scharfen Linkskurve geradeaus weiter).

○ *Weglänge:*   8 km, verkürzt 5 km

✿ *Hinweis:*
Nach starken Regenfällen und nach der Schneeschmelze im Frühjahr kann die Überquerung des Baches einiges an Geschick erfordern.

☆ *Einkehrmöglichkeiten:*
in Spiegelberg, Vorderbüchelberg und Wüstenrot

▢ *Kartenempfehlung:*
Naturpark Schwäbisch-Fränkischer Wald 1 : 50 000 Landesvermessungsamt Baden-Württemberg

Eine römische Grenze im Schwäbischen Wald ❾

Bei Grab den Limes kennenlernen

Eine Grenze im Schwäbischen Wald? Gibt's denn da überhaupt eine? Ja, es gab eine und die war zu der damaligen Zeit sogar eine ganz wichtige und besondere Abgrenzung: Hier hörte das riesige Römische Reich auf, das sich vor 2000 Jahren von Afrika rund um das Mittelmeer und bis zu uns her in den Schwäbischen Wald erstreckte. Diese Grenze nennt man den *Limes*. Wer ganz genau sein möchte, unterscheidet sogar zwei Arten der Grenzbefestigung: den rätischen Limes und den obergermanischen Limes. Sie erhielten ihre Namen nach den damaligen römischen Provinzen, also Rätien und Obergermanien. In ihrer Konstruktion waren sie unterschiedlich: Der rätische Limes, der Teile von Ostwürttemberg und Bayern umfaßte, bestand aus einer massiven Steinmauer. Den obergermanischen Limes erkannte man an Palisaden, V-förmigen Gräben, Wällen und Steintürmen. Der obergermanische Limes begann etwa bei Lorch und führte vom Haghof bei Welzheim bis nach Walldürn auf achtzig Kilometern Entfernung immer geradeaus über Berg und Tal hinweg.

Der Schwäbische Wald gehörte also damals zum größten Teil zur Provinz Obergermanien. Die Seite östlich des Limes war daher schon „feindliches Ausland". Dort hausten die mit den Römern verfeindeten Alemannen.

Aber die Römer hinterließen noch viel mehr als den Limes. Es ist ja von den Römern bekannt, daß sie Latein als Sprache hatten. Davon künden heute noch viele Worte in unserer Sprache. Nur ein Beispiel: Das Wort „Fenster" ist vom lateinischen „fenestra" abgeleitet. Auch „familia" (die Familie), „schola" (die Schule), „medicina" (die Medizin) oder „insula" (die Insel) ist für Nicht-Lateiner auf Anhieb verständlich.

Selbst im Namen der Ortschaft Grab hört man den „Graben" des Limes noch heraus, obwohl diese Namensgebung sicher erst später erfolgte.

Bei unserer Wanderung lernen wir ein Stück des schnurgeraden obergermanischen Limes kennen.

Ausgangspunkt für die Wanderung ist der Parkplatz an der „*Rösersmühle*". Vor dem Sägewerk wandern wir links auf der „*Rottalstraße*" los. Gleich am Anfang sehen wir ein kleines Wasserrädchen, das sich munter ohne Unterlaß dreht. Aufwärts durchs Rottal gelangen wir zur kleinen Ansiedlung *Hammerschmiede*. Hier folgen wir der Kennzeichnung *blauer Balken* nach links. Auf dem *Hammerschmiedesträßchen* steigen wir bergan. Geradeaus weiter kommen wir zum *Hammerbuckel*. An der Böschung links kann man im Frühsommer reichlich Walderdbeeren finden. Nochmals geradeaus überqueren wir die nächste Kreuzung und bleiben noch ein paar Meter auf dem *Geistklingenweg*. Dann zweigt unser Weg mit der Markierung *blauer Balken auf weißem Grund* nach links in den Wald hinein ab. Auf dem kleinen Steig müssen wir bald darauf rechts aufwärts, dem Schild *Hohenbrach* nach. Gut markiert geht es über einen Weg hinüber und weiter geradeaus dem Zeichen nach. Wenig später folgen wir dem *blauen Zeichen* nach links und treffen auf einen Schotterweg. Wir bleiben auf diesem Schotterweg und folgen nicht mehr der Markierung, die den Weg nach rechts verläßt.

Wir sind richtig, wenn wir an einem Brünnlein vorbeikommen. An der nächsten Möglichkeit bleiben wir rechts und wandern hinunter zur Bushaltestelle beim Schöntalhöfle. In dem überdachten Warthäuschen mit Bank läßt sich eine kleine Verschnaufpause oder ein Vesper einlegen. Wer es romantischer liebt, zweigt noch im Wald links ab, kurz bevor man die Straße und das Warthäuschen erreicht. Dort kann man an einem kleinen Bächlein – natürlich nur bei entsprechender Witterung – picknicken. Der Weiterweg von der Straße aus ist nicht ganz so einfach. Am schönsten geht man gegenüber das Weglein über die Wiese hoch und weiter durch den Wald im Hohlweg bzw. am Waldrand aufwärts. Wem das zu unsicher ist, bleibt nach rechts solange auf der wenig befahrenen Straße, bis nach links ein für Fahrzeuge gesperrter Weg abzweigt.

Beidesmal gelangt man an die Waldecke, an der der schnurgerade Limes, also die damalige Grenze, nach fast 2000 Jahren noch heute im Gelände zu sehen ist. Das *schwarze Turmsymbol eines römischen Wachturms auf weißem Grund* ist nun unsere Markierung. Rechts erkennen wir deutlich den Graben, auf dem Wall befinden wir uns gerade. Den Palisadenzaun, das sind nebeneinander in den Boden eingerammte Holzpfähle, müssen wir uns gegenüber auf der anderen Seite des Grabens vorstellen. Was das wohl für eine Arbeit war, ohne Bagger den Graben auszuheben und die vielen Bäume für den Palisadenzaun zu fällen und fest einzurammen!

Nachher führt unser Weg eine Zeitlang auf der anderen Seite des Limes entlang, aber heutzutage versperrt uns niemand mit Lanzen den Grenzübertritt. Übrigens, der Limes konnte mehr als hundert Jahre lang wirkungsvoll das römische Reich vor Eindringlingen schützen. Immer geradeaus kommen wir zu einer „Störung" im geraden Verlauf. Durch modernen Wegebau müssen wir eine U-förmige

Schleife – zuerst nach links, dann nach rechts – auswandern. Anschließend folgen wir wieder dem gut sichtbaren und markierten Limes mit seinem Graben. Viel zu schnell haben wir die wie mit einem Linial gezogene Grenzlinie abgewandert. Nach links führt unser schmaler Pfad weiter um eine Klinge herum. Wenig später erreichen

Am Grenzwall in Grab

wir einen Schotterweg. Gegenüber erklimmen wir mit einigen Stufen einen kleinen Berg. Oben sehen wir *Reste eines römischen Wachturmes*. Die mehr als einen Meter dicken Mauern lassen sich sehr gut erkennen. Dieser Turm steht vierzig Meter westlich des Limesgrabens. Die Eingänge waren bei den Wachtürmen nie ebenerdig, erst im ersten Stock konnte man die Türme betreten. Mit einer Leiter überwand man das fehlende Stück. Der Grundriß des Turmes besteht aus einem Quadrat von 3,8 Metern Seitenlänge. Schon im 19. Jahrhundert wurde dieser Turm von der Reichslimeskommission archäologisch untersucht. Es fand sich in einer Ecke eine Feuerstelle. 1971 fand man bei einer erneuten Untersuchung auch Tongefäße. Man geht davon aus, daß der obergermanische Limes um 150 n. Chr. errichtet wurde. Er hatte Bestand bis 269 n. Chr., als es die Alemannen endgültig schafften, den Limes zu überrennen und die Römer zurückzudrängen.

Ein paar Bänkchen verlocken zum Rasten und bieten sich an, die damalige Zeit im Spiel aufleben zu lassen.

Unser Weiterweg geht herabsteigend betrachtet nach links weiter. Dem Zeichen *römischer Wachturm* folgen wir geradeaus über die nächste Kreuzung hinweg, ein *blaues Kreuz* kommt als Markierung noch hinzu. Auf dem *Hankertsmühlsträßchen* wandern wir rechts abwärts und sehen bald schon einen *Grillplatz mit Spielwiese*, der direkt an der Rot liegt. Rechts fallen uns die Reste der ehemaligen Hankertsmühle ins Auge, eine Säule und ein Torbogen. Auch die Reste des Mühlgrabens sind gut zu erkennen.

Eine ausgiebige Rast ist nun sicherlich angesagt! Der kurze Rückweg zum Auto führt über die Brücke hinüber und links auf der *Rottalstraße* weiter. Unterwegs wandern wir an einem römischen *Kleinkastell* vorbei. Das Kastell können wir nur erahnen, eine Tafel macht uns darauf aufmerksam. Es befand sich fünfzig Meter hinter dem Limesgraben und hatte eine Größe von achtzehn Metern im Quadrat. Mit einer Mauerstärke von maximal 1,85 Metern war es sehr wehrhaft gebaut. Das einzige Tor befand sich zum Limes hin.

Immer geradeaus kehren wir zurück zum Parkplatz an der Rösersmühle.

▷ *Wie kommt man zum Parkplatz an der Rösersmühle?*

Auf der B 14 über Sulzbach weiter in Richtung Großerlach. Noch vor Großerlach rechts (beschildert) nach Erlach und Grab abzweigen. In Grab vor der Kirche links abzweigen in Richtung Schöntalhöfle. Immer auf dem geteerten Sträßchen bis hinunter ins Rottal und zum Sägewerk. Der Parkplatz ist rechts noch vor der Brücke.

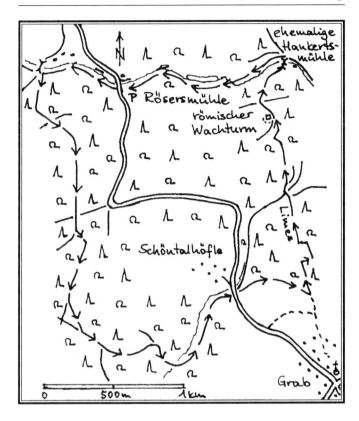

○ *Weglänge:*   9 km

Variante:
Wem die ganze Runde zu lange ist, kann ganz einfach eine kürzere Strecke wählen: Vom Parkplatz wendet man sich gleich nach rechts und gelangt so bequem zum Grillplatz. Folgt man dem Weg über die Brücke nach rechts aufwärts, kann man ebenfalls die Reste des römischen Wachturmes besichtigen. Der Weg ist auf diesem Abschnitt kinderwagengeeignet.

○ *Weglänge:*   3 km

❀ *Was man sonst noch erleben kann:*
Auf dem Heidenbuckel bei Grab steht ein rekonstruierter römischer Wachturm mit Wall, Graben und Palisadenzaun. Diese Nachbildung sollte man sich auf jeden Fall anschauen, wenn man

Interesse an der damaligen Zeit hat. Seit 1982 steht dieser von der Forstverwaltung rekonstruierte Limesturm auf dem 536 m hohen Heidenbuckel. Die Schlüssel für die Besteigung des Turmes sind in Grab bei der Ortschaftsverwaltung, im „Rössle", im „Löwen" oder beim Schwäbischen Albverein, Ortsgruppe Grab, erhältlich. Allerdings bleibt es den heutigen Besuchern erspart, über eine Leiter in den Turm zu steigen. Es führt außerhalb bis zur Tür eine „normale Treppe" empor.

▷ *Wie kommt man zum Limesturm auf dem Heidenbuckel?*
Von Grab ortsauswärts in Richtung Trauzenbach und Murrhardt. Dann geradeaus weiter in Richtung Fichtenberg und Morbach. Die Straße wendet sich nach links, aber zum Wanderparkplatz bleiben wir weiterhin geradeaus und fahren in den Wald hinein. Zu Fuß geradeaus weiter und dann nach links aufwärts.

○ *Weglänge:*   500 m (hin und zurück)

☆ *Einkehrmöglichkeiten:*
Gasthaus „Zur Einkehr", Rösersmühle, Telefon 0 79 03/23 15
in Grab:
Gasthaus „Rössle", (montags Ruhetag), Telefon 0 71 92/60 61
Gasthaus „Löwen", (dienstags Ruhetag), Telefon 0 71 92/87 97

▭ *Kartenempfehlung:*
Naturpark Schwäbisch-Fränkischer Wald 1 : 50 000 Landesvermessungsamt Baden-Württemberg

Spielen und Schauen auf dem Kelterbuckel!

Von Sittenhardt zum Panorama-Spielplatz Kelterbuckel

Von den Ausläufern des Schwäbischen Waldes hat man auch ohne Aussichtstürme die schönsten und weitesten Blicke ins Land hinaus. Und da der Schwäbische Wald nach allen vier Himmelsrichtungen deutlich abgegrenzt ist, kann man solche herrlichen Weitblicke des öfteren genießen: sei es nun ins Remstal, ins Bottwartal, ins Murrtal oder wie bei diesem Ausflugtip ins Kochertal und ins Hohenloher Land hinaus. Was man aber nicht so oft findet, ist ein Rundum-Panorama. Es ist für uns natürlich um so schöner, daß diese besondere Stelle gleichzeitig als Rast-, Spiel- und Grillplatz ausgebaut wurde und daher ideal für eine Wanderpause geeignet ist. Bei der Anfahrt durch das *Rottal* fallen die vielen und vor allem die enorm großen Sägewerke ins Auge. Wer jedoch mal sehen möchte, wie die Leute früher in den kleinen Sägewerken gearbeitet haben, hat dazu in dem **Museum „Marhördter Sägmühle"** in *Badhaus* Gelegenheit. Das Sägmühlmuseum hat in den Monaten April bis Oktober jeweils einen „Tag der offenen Tür". Seit 1983 können im ersten Sägmühlmuseum im Schwäbischen Wald historische Holzbearbeitungswerkzeuge und eine heute noch betriebsbereite Säge, die von einem Hochgangrad angetrieben wird, besichtigt werden. Im Außenbereich demonstriert ein Modell anschaulich, wie eine Säge mit Wasserradantrieb arbeitet.

Aber nun zur Wanderung: Wir starten mitten im Wald am Parkplatz gegenüber einer Grillstelle. Der *blaue Punkt* weist uns auf dem Schotterweg geradeaus die richtige Richtung. Wir haben immer mal wieder durch Bäume hindurch Ausblicke ins Hohenloher Land hinaus.

Dann kommen wir an eine Gabelung. Nach rechts geht unser Weg weiter, von links her (*blauer Punkt*-Markierung) kommen wir nachher auf dem Rückweg. Schon bald mündet in unseren Weg ein markierter Weg ein, der mit einem *roten Balken* gekennzeichnet ist. Nun folgen wir vertrauensvoll dem neuen Zeichen, bleiben aber auf unserem seitherigen Weg. Kurz bevor es aus dem Wald hinaus geht, müssen wir jedoch nach links, um gleich darauf nochmals nach rechts auf einen kleinen Pfad abzubiegen. Über weiches Moos wandern wir nun am Waldrand entlang weiter. An der vorderen Ecke wird es auf einmal recht naß. Woran das wohl liegen mag? Wer genau hinsieht, merkt, daß hier aus einer kleinen Quelle ein Bächlein entspringt. Dieses Wasser gelangt auf einer langen Reise über den Dendelbach in den Kocher, dann weiter in den Neckar hinein und schließlich im Rhein bis hin zur Nordsee. Wie lange diese Reise wohl dauern mag?

Ums Eck herum und bis zu einem Hochsitz am Waldrand entlang weiter. Dann heißt es rechts halten und oberhalb eines Feldes weitergehen. Wir treffen wieder auf einen deutlichen Weg, dem wir nach links in Richtung der Ortschaft *Frankenberg* folgen. Schauen wir nach rechts, sehen wir auf einer Wiese kleine Fähnchen im Wind wehen. Auch das Gras drumherum sieht irgendwie anders aus als sonst. Schon erraten, was das sein könnte? Ja, dort drüben befindet sich ein Golfplatz.

Am ersten Haus von *Frankenberg* sehen wir zwei Zeichen, unser seitheriges, den *roten Balken*, und auch wieder den *blauen Punkt*. Links dem *blauen Punkt* nach in Richtung *Westheim* wandern wir abwärts. Über Obstbaumwiesen müssen wir ein wenig später nach rechts – gut markiert – hinab bis zum Waldrand. Links am Waldrand entlang weiter und dann rechts den Berg hinunter weist uns die Markierung. Neben uns hören wir ein Bächlein rauschen, das sich über größere und kleinere Felsstufen einen Weg ins Tal sucht. Fast so steil wie das Bächlein zieht sich unser kleiner Steig ebenfalls bergab. Durch eine kleine Furt hindurch und immer weiter geradeaus steigen wir bergab. Das Steiglein verbreitert sich wieder und wir gelangen in ein malerisches Tal. Wir wenden uns auf dem Weg nach links und kommen bald aus dem Wald hinaus auf Felder. Die Gehöfte von *Dendelbach* liegen idyllisch im Tal und am Hang. Von hier aus können wir unseren weiteren Weg erkennen: Gegenüber steigen wir nachher wieder bergauf, bis ganz hoch zum letzten Hof. Hier wäre eine große Hängebrücke über das Tal enorm von Vorteil! Solange die niemand gebaut hat, müssen wir – aufwendiger – im Zick-Zack-Kurs auf die andere Talseite hinüberkommen.

Rechts über eine Brücke hinweg und über Felsen und Obstbaumwiesen wandern wir bis zu der Kreuzung an einer Umspannstation. Wieder wechselt die Markierung: Ein *Fuchs* und ein *Mäusebussard* sind nun unsere „Begleiter". Wir überqueren den Bach nochmals und steigen links aufwärts. Solch ein Schilfgebiet, wie auf der linken Seite, sieht man nicht mehr so häufig, daher ist es als Naturdenkmal ausgewiesen. Immer geradeaus aufwärts, am letzten Haus auch noch vorbei, dann zweigen wir an einer Schlehenhecke rechts ab. Der *Fuchs* bleibt uns weiterhin als Zeichen erhalten, ein *Reh* kommt neu hinzu. Ist es noch weit bis zum Spielplatz? Wir haben nun weniger an Entfernung vor uns, als der zurückgelegte Weg vom Waldrand bis hier her. Das ist doch überschaubar, nicht wahr? Ein letztes Mal blicken wir ins Tal hinunter, auf dem unteren Weg waren wir vorher. Allmählich läßt die Steigung nach, wir gehen sogar leicht bergab. Der *Fuchs* und das *Reh* zeigen uns weiterhin an, daß wir geradeaus richtig sind. Schritt für Schritt geht es weiter und Schritt für Schritt eröffnet sich uns nun mehr von dem versprochenen Panorama und auch der Spielplatz ist schon zu sehen. Die lange Rutsche leuchtet von weitem hell in der Sonne. Wer an der Grillstelle ein Feuerchen anheizen möchte, sollte hier gleich an Brennholz denken und einen Arm voll mitnehmen. Wenn wir am **Spielplatz Kelterbuckel** ankommen, merken wir, daß wir erst hier in den Genuß des ganzen Panoramas kommen. So weit, wie man seinen Kopf drehen kann, sieht man Berge, Wälder, Straßen, Ortschaften und dann wieder Berge und Wälder. Ganz links erkennt man an den fahrenden Autos den Aufstieg der B 14 von Schwäbisch Hall über Michelfeld nach Mainhardt. Geradeaus verliert sich der Blick in der Hohenloher Ebene. Rechts auf der Höhe ist der Aussichtsturm auf dem Einkorn zu erkennen. Ebenfalls rechts zieht das Kochertal hinauf in Richtung Gaildorf. Noch mehr Einzelheiten darf jeder anhand der Karte bestimmen. Hier haben wir uns

Spielen und Schauen

nun wirklich eine ausgiebige Rast verdient. Bänke und Tische gibt's wahlweise im Schatten oder in der Sonne. Da der Rückweg viel kürzer als der Hinweg ist, können wir uns viel Zeit lassen.

Aber irgendwann heißt es dann doch, den Rucksack zu schnüren und aufzubrechen. Dem *blauen Punkt* folgen wir aufwärts und geradeaus auf einem schmalen Pfad in den Wald hinein. Er steigt langsam an, dann überqueren wir einen Schotterweg und steigen auf einem romantischen Steiglein an der Kante einer tiefen Schlucht aufwärts. Der schmale Pfad bringt uns schnell nach oben und bald ist der Anstieg geschafft!

In einem hellen Laubwald geht es recht eben weiter. Dann wird es selbst bei hellstem Sonnenschein dunkel: Wir schreiten durch ein kleines Gäßchen in einem kleinen Fichtenwald. Der Weiterweg ist nicht zu verfehlen: Immer geradeaus. Wir haben noch manchen schönen Blick auf die nordöstlichen Ausläufer des Schwäbischen Waldes und in die Hohenloher Ebene. Auf dem Weg mit dem *blauen Punkt* gelangen wir wieder auf den Schotterweg vom Hinweg. Stellt man sich unsere Runde als einen Luftballon vor, brauchen wir jetzt noch eine Schnur dazu. Während wir nach rechts gehen, können wir uns in den restlichen Minuten bis zum Parkplatz vorstellen, die Schnur an den Ballon zu binden. Anhand der Karte kann man dies den Kindern schön verdeutlichen.

▷ *Wie kommt man zum Waldparkplatz bei Sittenhardt?*
Auf der Straße zwischen Murrhardt und Gaildorf vor Fichtenberg links nach Oberrot abzweigen. Durch Hausen, Oberrot und Obermühle hindurch, dann rechts hinauf nach Kornberg.
Auf einem kleinen Sträßchen weiter nach Sittenhardt. Rechts durch die Ortschaft hindurch bis wieder nach rechts der „Frankenberger Weg" abzweigt. An einem kleinen Weiher und an einer großen Eiche vorbei zu einer Gabelung. Hier links weiter und in den Wald hinein. Immer auf dem schon als Wanderweg bezeichneten Sträßchen weiter bis links zum Parkplatz, der sich kurz vor der Abzweigung nach Sanzenbach befindet.

○ *Weglänge:*   gut 10 km

▷ *Wie kommt man zum Sägmühlmuseum?*
Wie oben beschrieben bis Obermühle. Dann weiter geradeaus bis Badhaus. Links abzweigen und rechts am Ortsende befindet sich direkt an der Straße das Sägmühlmuseum. Parkmöglichkeiten wenige Meter nach dem Museum auf der rechten Seite.

△ *Öffnungszeiten:*
Pro Monat von April bis Oktober einen „Tag der offenen Tür". Besichtigung auch nach Voranmeldung möglich.

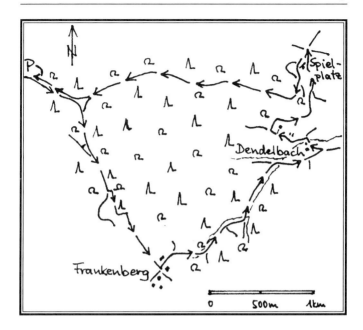

∞ *Eintritt:*   Erwachsene   DM 2,00
        Kinder und Jugendliche   frei

★ *Auskünfte:* Bürgermeisteramt Oberrot,
       Telefon 0 79 77/74-0, Fax: 0 79 77/74-44

❀ *Geheimtip:*
Für diejenigen, die ohne Wanderung das herrliche Panorama genießen und einfach mal einen faulen Tag verbringen möchten, sei
folgendes verraten: Zu dem Rast-, Spiel- und Grillplatz „Kelterbuckel" kann man auch direkt mit dem Auto fahren. Anfahrt von
Norden her über Rieden bei Rosengarten. Ein Blick in die Karte
ist hier sicherlich hilfreich.

☆ *Einkehrmöglichkeiten:*
In Oberrot und seinen Teilorten gibt es mehrere Möglichkeiten
für eine Einkehr.

▢ *Kartenempfehlung:*
Naturpark Schwäbisch-Fränkischer Wald 1 : 50 000 Landesvermessungsamt Baden-Württemberg

Mit der Bratwurst im Rucksack rund um den Kirgel ❶

Höhenweg zum Kernerturm bei Gaildorf

Der Wanderparkplatz bei Gaildorf ist der Ausgangspunkt für diese Tour. Das hübsche Städtchen am Kocher ist die ehemalige Residenzstadt der Schenken von Limpurg. Was ist das überhaupt, ein Schenk? Das Schenkenamt war das höchste Amt, das es im Heiligen Römischen Reich Deutscher Nation gab. Der Schenk war Stellvertreter und Ratgeber des Kaisers. In der Goldenen Bulle Kaiser Karl IV. wird den Schenken von Limpurg 1356 das Schenkenamt sogar erblich zugesichert. Noch heute kann man das Schloß der Schenken bewundern, das gegen Ende des 14. Jahrhunderts von ihnen erbaut wurde. Mit seinen Rundtürmen, dem Fachwerk und dem Arkadenhof ist es in der Ortsmitte von Gaildorf nicht zu übersehen. Im **Schloß** sind öffentliche Einrichtungen wie z. B. die Volkshochschule untergebracht. Aber auch das **Theresienthaler Heimatmuseum** finden wir in diesem schönen restaurierten Gebäude. Theresienthal ist ein kleines Dorf in den Karpaten, es liegt in der heutigen Ukraine.

Für Kinder gibt es in diesem Museum Interessantes zu entdecken, wie z. B. die Flößerstube, in der die schwierige Arbeit der Holzflößer aufgezeigt wird. Die Modelle der Wohnhäuser, Scheunen und Ställe werden sicherlich genauso viel Begeisterung hervorrufen, wie die anderen Ausstellungsstücke der unterschiedlichen Handwerksberufe.

Wer sich für Kutschen und Schlitten aus früherer Zeit interessiert, kann im privaten **Kutschenmuseum Robert Geiger** unzählige historische Sammlerstücke betrachten. Selbst ein Originalschlitten König Wilhelm II. von Württemberg gehört zu der reichhaltigen Sammlung.

Aber nun wollen wir zu unserer Wanderung rund um den Kirgel starten. Anfang des 19. Jahrhunderts – von 1815 bis 1819 – lebte der bekannte Arzt und Dichter Justinus Kerner in Gaildorf. Zur Erinnerung an die berühmte Persönlichkeit trägt der Aussichtsturm auf dem Kirgel heute seinen Namen.

Sind alle fit? Vom Parkplatz steigt der Weg (Markierung *blauer Balken*) nämlich gleich ganz schön steil an. Zum Glück nur für wenige Minuten! Oben sehen wir Wandertafeln mit den Markierungen des Schwäbischen Albvereins.

Dem *blauen Balken* nach könnten wir geradeaus über Mittelrot zum Haghof weiterwandern. Da wollen wir jedoch nicht hin, son-

Das Schloß in Gaildorf

dern nehmen die Markierung *rotes Kreuz* in Richtung *Stiershof* und *Oberrot.* Nach rechts folgen wir der neuen Markierung und überqueren wenig später die Bahnlinie. Sind wir denn überhaupt richtig? Hier oben sind weit und breit keine Gleise zu sehen! Doch, der Weg ist schon der richtige, nur überqueren wir die Bahnlinie einige -zig

Meter über den Gleisen. Wer kommt auf des Rätsels Lösung? Ja, hier befinden wir uns weit über einem Eisenbahntunnel, der sich unter unseren Füßen befindet. Vielleicht haben wir auch Glück und hören einen Zug durchfahren. Bald darauf verläßt das *rote Kreuz* unseren Weg nach rechts. Wir bleiben jedoch weiterhin auf dem geschotterten Waldweg, der sich eben und leicht abwärts am Hang entlang dahinzieht. Auf dem Weg mit der Markierung *rotes Kreuz* kommen wir nachher zurück. Die Runde ist mit Absicht so gewählt, denn am Anfang marschiert man noch relativ gerne auf breiteren Wegen. Gegen Ende einer Tour besteht viel eher die Gefahr, daß auf solchen Wegen „die Füße weh tun" oder die Kinder „keine Kraft mehr haben". Zur Abwechslung könnte man beim Wandern auf solchen Wegen auch mal ein paar Lieder singen. Kinder haben meist schon ab dem Kindergartenalter ein recht großes Repertoire an Liedern. Vor allem haben sie die Texte auswendig im Kopf. Besonders schön ist es natürlich, wenn die Eltern dabei mitmachen oder es zumindest mal versuchen!

Nach einiger Zeit gelangen wir an eine Kreuzung. Hier heißt es für uns scharf rechts abzweigen. Die Markierung *rotes Kreuz* – diesmal wieder in Richtung *Gaildorf* – zeigt uns den richtigen Pfad an. Um auf den aussichtsreichen Höhenweg zu gelangen, müssen wir zuerst ein wenig an Höhe gewinnen. Aber bald schon ist der kleine Anstieg geschafft und es eröffnen sich uns die ersten Ausblicke ins Kochertal und auf die Limpurger Berge. Auf dem schmalen Trampelpfad pirschen wir immer geradeaus weiter. Der Wald gibt ab und zu einen Ausblick frei. Wir kommen zu einer Umzäunung, aber ein Türchen gestattet uns den Weiterweg. Wenig später lädt eine Bank zu einer Verschnaufpause ein. Dabei können wir ein schönes Panorama genießen. Durch ein weiteres Türchen verlassen wir das eingezäunte Gebiet wieder und folgen weiter unserer Markierung *rotes Kreuz*. Auf einem ebenen Weg am Hang entlang treffen wir auf den schon bekannten geschotterten Waldweg und erreichen die erste Kreuzung mit den Wandertafeln wieder. Hat jemand schon Hunger bekommen? Und vielleicht sogar etwas zumGrillen im Rucksack dabei? Prima, denn dem *blauen liegenden Hufeisen* nach in Richtung Kernerturm kommen wir in wenigen Schritten zu einer Grillstelle mit Schutzhütte und Spielwiese. Nach einer Pause ist unser nächstes Ziel der Kernerturm. Kurz nach der Grillstelle müssen wir bezeichnet links aufwärts. Immer dem *blauen liegenden Hufeisen* nach läßt sich der **Kernerturm** auf dem Kirgel nicht verfehlen. Die Form des Holzturmes erinnert ein bißchen an einen römischen Wachturm! Von hier oben genießt man einen prächtigen Blick hinunter auf Gaildorf und weit ins Hohenloher Land hinaus. Besteigt man den Kernerturm, eröffnet sich ein wundervolles Panorama nach allen Seiten. Übrigens befinden wir uns hier am Beginn der Skipiste.

Wir schließen unsere Runde, eigentlich ist es ja eher ein Achter, indem wir geradeaus am Skilift vorbei weitergehen. Wenig später stoßen wir auf einen geschotterten Weg, hier ist unser Wendepunkt. Abwärts nach rechts kommen wir in kurzer Zeit wieder zur Grillstelle und nochmals rechts abwärts mit dem *blauen Balken* als Markierung zum Parkplatz zurück.

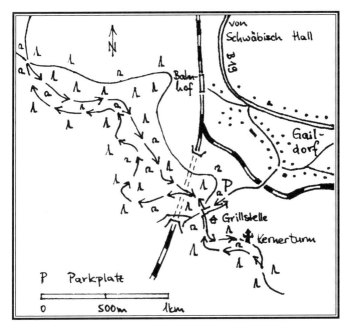

▷ *Wie kommt man zum Wanderparkplatz bei Gaildorf?*
Von Schwäbisch Hall auf der B 19 nach Gaildorf. An der ersten Kreuzung rechts – Vorsicht, nicht zum Bahnhof! – in die „Seestraße" abzweigen. Auf der „Seestraße" geradeaus weiter bis nach rechts die „Kernerstraße" abzweigt. Ab hier bergauf über die Bahnlinie hinüber und weiter bis zum Parkplatz auf der rechten Seite.

○ *Weglänge:*   8 km

Theresientaler Heimatmuseum
▷ *Wie kommt man hin?*
Das Alte Schloß befindet sich in der Stadtmitte von Gaildorf. Durch den Torbogen in den Innenhof hinein und nach rechts zum Aufgang des Museums im 2. Stock.

△ *Öffnungszeiten:* sonntags   14.00–17.00 Uhr

∞ *Eintritt:*   frei

★ *Auskünfte:*   Telefon 0 70 71/56 62 (Hr. Zepezauer)
                        telefonische Voranmeldung erwünscht

Kutschenmuseum:

▷ *Wie kommt man hin?*
Das Kutschenmuseum befindet sich ortsauswärts in Richtung Aalen und Stuttgart. Gut erkennbar ist es an der Abzweigung nach Aalen schon von weitem auf der linken Seite, da der private Sammler geschäftlich mit Gartenhäusern zu tun hat.

△ *Öffnungszeiten:*
täglich geöffnet von 8.30 Uhr bis zum Einbruch der Dunkelheit

∞ *Eintritt:*   frei

★ *Auskünfte:*   Telefon 0 79 71/70 24

Aussichtsturm auf dem Kirgel

△ *Öffnungszeiten:*
ab Ostern bis Ende Oktober an Sonn- und Feiertagen

∞ *Eintritt:*   frei

❀ *Was man sonst noch erleben kann:*
Der Bahnhof Gaildorf-West ist Startpunkt bzw. Ankunftsziel des Kochertalexpresses. Von Gaildorf bis nach Untergröningen – oder auch umgekehrt – kann man mit Volldampf durchs Kochertal fahren: Der **Kochertalexpress** macht's möglich! Er verkehrt auf der 19 km langen Strecke, auf der unterwegs weitere Zusteigemöglichkeiten bestehen. Seit 1903 gibt es diese Bahnlinie. Bis heute befindet sie sich im Eigentum der Württembergischen Eisenbahngesellschaft. Die Museumseisenbahn wird vom Verein Dampfbahn Kochertal e. V. betrieben, die auch den Wieslauftalexpress zwischen Schorndorf und Rudersberg betreibt (siehe Tour Nr. 23). Da der Kochertalexpress nur an bestimmten Tagen im Jahr fährt, ist es ratsam, sich vorher über Termine und Abfahrtszeiten zu informieren.

∞ *Fahrpreise Kochertalexpress:*
Gesamtstrecke: einfach   DM 10,00
          mit Rückfahrt   DM 16,00
Teilstrecke: einfach   DM   5,00
          mit Rückfahrt   DM 10,00
Familienkarte: DM 40,00
Gruppenermäßigung ab 10 Personen 10%
Kinder von 4 bis 14 Jahren zahlen die Hälfte, kostenloser Fahrradtransport im Packwagen.

★ *Auskünfte und Gruppenreservierungen:*
Dampfbahn Kochertal e.V.
Postfach 41
74429 Sulzbach-Laufen
Telefon 0 71 57/80 27
Fax 07 11/2 86 46 94

☆ *Einkehrmöglichkeiten:*
mehrere Gaststätten in Gaildorf

▭ *Kartenempfehlungen:*
Naturpark Schwäbisch-Fränkischer Wald 1 : 50 000 Landesvermessungsamt Baden-Württemberg

Ellwangen-Aalen 1 : 50 000 Landesvermessungsamt Baden-Württemberg

Maultaschen oder Schnitzel?

Von Auenwald-Oberbrüden zum Eschelhof

Heute wollen wir zum *Eschelhof* wandern. Für diejenigen, die tatsächlich noch nie etwas vom Eschelhof gehört haben, sei erklärt, daß dort ein Wanderheim des Schwäbischen Albvereins steht. Seit 1976 wird das ehemalige Forsthaus mit Nebengebäuden vom Schwäbischen Albverein als Wanderheim betreut. Viel ehrenamtliche Arbeit zahlreicher Ortsgruppen war nötig, um dem Anwesen das jetzige schmucke Aussehen zu verleihen. Auch die Bewirtschaftung an den Wochenenden wird von den einzelnen Ortsgruppen des Schwäbischen Albvereins mit viel Idealismus abwechselnd in Eigenregie durchgeführt. Da gibt es selbstgebackene Kuchen, leckere Vesperplat-

Am Eschlhof

ten und als Hauptmahlzeiten wahlweise Maultaschen oder Schnitzel. Und das alles zu wirklich familienfreundlichen Preisen!

Nebenan befindet sich ein weiteres Gebäude, ein ehemaliges Schulhaus. Den Schülern aus den in der Nähe liegenden kleinen Ortschaften Ittenberg und Siebenknie diente es bis in die 30er Jahre des 20. Jahrhunderts als Schule. Seit dem Ausbau 1984 sind hier Selbstversorgerzimmer für Gäste unter der Woche eingerichtet. An Wochenenden bestehen Übernachtungsmöglichkeiten in beiden Häusern.

Aber nun geht's los: Vom Wasserbehälter starten wir in Richtung *Utzenhof* und *Tiefental*. Nach der Brücke über den *Kalten Brunnenbach* halten wir uns rechts in Richtung *Tiefental*. Parallel zum Bach geht es noch eben dahin. An der nächsten Gabelung nehmen wir den linken Weg. Wir kommen über die *Krebsbachbrücke* und ab hier steigt der Weg merklich an. Die nächste Verzweigung läßt nicht lange auf sich warten, hier gehen wir nach rechts auf der „*Kalterbronnenstraße*" aufwärts. Es geht in einem Bogen zuerst um eine Linkskurve und dann um eine Rechtskurve herum, dabei gewinnen wir stetig an Höhe. Bald stehen wir wieder vor der Entscheidung, ob wir links oder geradeaus weitergehen sollen. Diesmal stimmt geradeaus und wie auf einem alten gepflasterten Römerweg steigen wir aufwärts.

Für kurze Zeit können wir uns auf einem ebenen Wegstück erholen, aber im Scheitelpunkt der deutlichen Schleife zweigt geradeaus nach oben ein schmaler Fußweg ab. Schon wenige Minuten später treffen wir auf einen grasbewachsenen Weg, dem wir für einige Meter nach links folgen. Von rechts her mündet ein weiterer Weg in unseren ein. An dieser „Kreuzung" zweigt ein schmales Steiglein nach rechts ab, auf dem wir noch ein letztes Mal aufwärts müssen. Wenn wir dieses Stück bergauf noch hinter uns gebracht haben, liegt der anstrengendste Teil der Wanderung bereits hinter uns. Wir treffen auf einen geschotterten Waldweg und folgen ihm nach rechts. Nach rechts bestehen jedoch zwei Möglichkeiten. Ausnahmsweise nehmen wir hier aber nicht den mit einem roten Punkt markierten Weg, sondern den ohne Markierung. Leicht abwärts laufen die Füße nun fast von selbst.

An der nächsten Kreuzung geht es nach links weiter. Gegenüber kann man durchs Gebüsch schon die Häusergruppe des Eschelhofes erkennen.

Nach ein paar Schritten erkennen wir rechts einen kleinen angestauten See, über dessen Staumauer hinweg wir auf einem schmalen Pfad durch den Wald den Bogen des Schotterweges abkürzen können. Auf dem Schotterweg geht es anschließend nach rechts weiter. An den nächsten beiden Abzweigungen wandern wir ebenfalls nach rechts und nach einem kurzen Stück auf dem *Georg-Fahrbach-Weg*

(GFW), der sich hier als befestigte Fahrstraße präsentiert, erreichen wir den mitten auf einer herrlichen Waldlichtung gelegenen **Eschelhof**. Ein daneben angrenzender Spiel- und Grillplatz lädt zum Verweilen ein. Auch ein kleiner Felsen auf der Spielwiese kann erklommen werden, für Ballspiele steht ein ebener Wiesenplatz zur Verfügung. Nach einer Rast – vielleicht mit Maultaschen oder Schnitzel? – folgen wir weiterhin dem *Georg-Fahrbach-Weg*, der mit einem *roten Balken auf weißem Grund* und dem Zusatz *GFW* markiert ist. Wir kommen am *Eschelsee* vorbei, der im Frühjahr von vielen Kröten als Laichplatz benutzt wird. Hier verlassen wir die befestigte Fahrstraße (an Sonn- und Feiertagen gesperrt) und folgen dem markierten Weg links ansteigend in den Wald hinein. Gleich darauf müssen wir – wie in einer Berg- und Talbahn – ein Stück hinunter und dann, bezeichnet, geradeaus wieder hinauf.

Spielplatz auf dem Zwiebelberg

Wir bleiben immer noch auf dem *Georg-Fahrbach-Weg* in Richtung *Trailhof*, gekennzeichnet mit dem *roten Balken*. Der Weg zieht sich nun schön eben am Hang entlang dahin. Wenn wir auf eine Kreuzung stoßen, – Vorsicht, nicht zu früh! – müssen wir nach rechts beschildert nach *Oberbrüden* abbiegen. Zuerst steiler, dann gemächlicher zieht sich der Weg abwärts. Zuletzt kommen wir durch ein Wochenendhausgebiet und wenig später auf die Straße. Auf ihr nach rechts ein Stück hinab und unsere Runde ist vollendet.

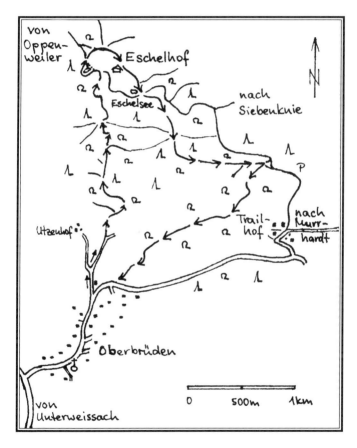

▷ *Wie kommt man nach Auenwald-Oberbrüden?*
Wer über Backnang kommt, fährt weiter nach Steinbach und dann geradeaus nach Oberbrüden. Die Zufahrt aus dem Raum Waiblingen-Winnenden ist kürzer auf der B 14 über Waldrems, Heiningen, Unterweissach, Unter- und Mittelbrüden nach Ober-

brüden. Dann geradeaus durch den Ort hindurch, bis ein Wegweiser nach links in Richtung Tiefental und Utzenhof zeigt. Parkmöglichkeiten an der Straße.

○ *Weglänge:*   9 km, dabei sind knapp 200 Höhenmeter zu bewältigen

★ *Auskünfte:*   Telefon 0 71 93/66 60

Variante:
Die Tour läßt sich enorm abkürzen, wenn man den Höhenunterschied noch mit dem Auto bewältigt. Man fährt weiter den Berg hoch in Richtung Trailhof, biegt links zum Trailhof ab, fährt weiter in Richtung Murrhardt und hält sich am Ortsende nach links in Richtung Siebenknie. Parkmöglichkeiten am Waldrand in der Linkskurve. Zu Fuß auf dem Sträßchen weiter, das hier gleichzeitig als Wanderweg dient. Dann links auf dem beschilderten Georg-Fahrbach-Weg weiter.

○ *Weglänge:*   5 km

🦋 *Was man sonst noch erleben kann:*
Oberhalb von Oberbrüden befindet sich der schöne Rast- und Grillplatz „Zwiebelberg". Mit zahlreichen Spielgeräten und einer Wasserpumpe mit Matschbahn ist für viel Abwechslung gesorgt.

▷ *Wie kommt man zum Rast- und Spielplatz „Zwiebelberg"?*
Wie oben beschrieben nach Oberbrüden. Noch vor der Kirche nach rechts abbiegen und bei der zweiten Möglichkeit (nach der Post) nach links. Dann geht's steil bergauf, bis man oben den Parkplatz direkt neben dem Spielplatz erreicht. Zufahrt auch über Mittelbrüden möglich: Von Unterweissach über Unterbrüden kommend biegt man in der Ortsmitte in die „Bachstraße" nach rechts ab, fährt geradeaus weiter, dann rechts den „Wengertsberg" hoch und hält sich ganz oben links.

☆ *Einkehrmöglichkeit:*
Eschelhof (Wanderheim des Schwäbischen Albvereins), in der Regel an Wochenenden und Feiertagen, ausgenommen Weihnachten und Neujahr, geöffnet und bewirtschaftet.
Hausverwaltung: Telefon 0 71 93/84 85 (für Übernachtungen)

▢ *Kartenempfehlung:*
Naturpark Schwäbisch-Fränkischer Wald 1 : 50 000 Landesvermessungsamt Baden-Württemberg

Stäffele über Stäffele

Rund ums Schloß Ebersberg

Den Namen *Auenwald* gibt es seit der Gemeindereform aus dem Jahre 1971. Mehrere kleine Ortschaften am Rande des Naturparks Schwäbisch-Fränkischer Wald – *Ober-* und *Unterbrüden, Lippoldsweiler, Hohnweiler* und *Ebersberg* – wurden damals zu einer Gemeinde zusammengefaßt.

Schon bei der Anfahrt von *Unterweissach* her sieht man von weitem die Schloßanlage oben auf dem Berg.

Der **Ebersberg** war bis Anfang des 20. Jahrhunderts ein bekanntes Weinanbaugebiet. Vorherrschende Sorten waren damals Silvaner und Trollinger. Der Wein, der „Ebersberger", erhielt sogar auf der Weltausstellung 1867 in Paris eine Auszeichnung. Nach dem ersten Weltkrieg wurden die meisten Weinberge wegen einer Rebkrankheit aufgegeben. Heute sieht man nur noch vereinzelt kleine Weinberge, die mühsam von Hand bewirtschaftet werden. Meist stehen heute bis oben hin Obstbäume, die jedoch in den Gipfellagen teilweise vom Wald verdrängt werden.

Von unserem Ausgangspunkt bei der *katholischen Kirche* in *Ebersberg* halten wir uns zuerst aufwärts zur Straße hoch und zweigen dann nach rechts ab auf einen befestigten Weg. Der Weg am Hang entlang bietet viele schöne Aussichten auf die Backnanger Bucht. Rechts von uns liegen die letzten Häuser von *Lippoldsweiler* und links beginnen schon die steilen Obstbaumwiesen. An einer Weggabelung halten wir uns links leicht aufwärts, gleich darauf geht es geradeaus weiter. Kleine Weinberge künden von der Zeit, als der Weinbau am Ebersberg noch ein wichtiger Erwerbszweig war.

Unser Weg mündet oberhalb eines Wasserbehälters in einen anderen Weg ein. Nach links und dann gleich wieder rechts geht es weiter durch Weinberge hindurch. Es eröffnen sich schöne Ausblicke auf die verträumt im Tal liegende Ortschaft *Däfern*, ebenfalls ein Teilort der Gemeinde Auenwald. Gegenüber windet sich eine Straße wie eine Schlange durch die Landschaft, wer kann sie sehen?

Wir gelangen in den Wald hinein und nehmen die erste Abzweigung nach links. Der Weg steigt an und wenig später erkennen wir rechts eine Schlucht. Ob das wohl ein alter Steinbruch ist? Ob die Leute hier früher das Baumaterial für ihre Häuser gewonnen haben? Hier in der Gegend gibt es mehrere kleine Steinbrüche, der Sandstein war nämlich ein beliebter Werkstein.

An Wochenendgrundstücken vorbei geht es noch ein wenig aufwärts. Der Weg wird flacher und wir sehen und folgen ein paar „Stäffele", die nach rechts abzweigen. Durch Laubwald spazieren wir angenehm weiter. Wir bleiben nun eine Weile auf dem geschotterten Waldweg, auf dem es allmählich leicht abwärts geht. Nach einer weit ausholenden Rechtskurve zweigt nach links ein kleiner Trampelpfad ab. Am Rande einer kleinen Schlucht steigen wir darauf aufwärts. Bald erkennen wir die ersten Häuser von *Waldenweiler*. Oben angekommen, leuchtet uns ein *blaues Kreuz auf weißem Grund* entgegen. Wir wenden uns nach links und wandern auf dem Waldweg mit dem vornehmen Namen *„Schloßwaldstraße"* weiter. Wir gelangen an eine Fahrstraße und der markierte Wanderweg *blaues Kreuz auf weißem Grund* verläuft parallel dazu weiter. Das Schloß Ebersberg sieht man nun immer deutlicher. Bald ist das Gasthaus „Waldhaus" erreicht. Gleich dahinter befindet sich ein schöner Spielplatz mit einer Grillstelle.

Interessant ist der Stein rechts an der Straße am Beginn der 18%-Gefäll-Strecke hinunter nach *Ebersberg*. Es ist eine sogenannte Strafsäule. Diese Säule aus Sandstein stammt wahrscheinlich aus dem frühen 18. Jahrhundert und ist am ehesten mit heutigen Verkehrsschildern zu vergleichen. Sie zeigte ein Gebot an, das bei Nichtbeachtung geahndet wurde. Das Gebot dieser Strafsäule lautete: Die Fuhrleute mußten bei der Talfahrt an ihren Fuhrwerken die Radschuhe anlegen, ansonsten drohte ihnen eine Strafe. Die Radschuhe aus Metall waren wirkungsvolle Bremsen des Fuhrwerks. Durch das Anlegen der Radschuhe wurden die Räder blockiert und durch die Reibung zwischen den Radschuhen und der Straße kam das Fuhrwerk sicher ins Tal hinunter. Weitere Informationen hierzu bekommt man im **Heimatmuseum Unterweissach**. Natürlich kann man dort noch viel mehr anschauen, vom Keller bis zum Dach ist das ehemalige Bauernhaus mit Gegenständen aus Großmutters und Urgroßmutters Zeiten liebevoll ausgestattet.

Nach einer ausgiebigen Rast folgen wir weiterhin unserer Markierung in Richtung **Schloß Ebersberg**, das wir in wenigen Schritten erreichen. Leider ist die ehemalige staufische Burganlage für Besucher nicht zugänglich, sie dient heute der Deutschen Pfadfinderschaft St. Georg, Diözese Rottenburg, als Schulungs- und Erholungsstätte.

Wir können die Anlage jedoch auf zwei Wegen umrunden: der obere zweigt am Turm rechts ab und verläuft aussichtsreich immer an den dicken Mauern der ehemaligen Burg entlang. Der untere Rundweg beginnt vor der Brücke zur Burg ebenfalls nach rechts und umringt die Burg ein „Stockwerk" tiefer. Es eröffnet sich auf beiden Wegen herrliche Ausblicke weit ins Land hinaus.

Und so sehen Radschuhe aus

Und wo bleiben die Stäffele? Hier, auf dem unteren Rundweg zweigt nach der Hälfte der Runde der **Stäffelesweg** hinunter zu unserem Ausgangspunkt nach *Ebersberg* ab. Der seit dem 18. Jahrhundert bekannte Weg wurde von der Gemeinde Auenwald 1992 umfangreich saniert. Dabei wurden die 345 alten Sandsteinblockstufen zunächst abgeräumt und 352 neue Stufen gesetzt. Teilweise wurden die alten Sandsteinstufen jedoch beim Bau des neuen Stäffelesweges wieder mitverwendet. Im oberen Teil können wir tatsächlich Obstbäume erkennen, die im Laufe der Jahre vom Wald verdrängt wurden. Wir folgen dem Weg und steigen über viele Treppen und Stufen fast senkrecht wie auf einer Himmelsleiter zur Ortschaft hinunter. Dabei merkt man, daß auch treppabwärts steigen eine gehörige Anstren-

Pause beim Abstieg

gung sein kann. Zwischendurch lädt eine Bank zu einer Verschnaufpause ein, hier können wir noch einmal das wunderschöne Panorama
in uns aufnehmen, ehe wir mit neuer Kraft den Rest der „Stäffele"
hinuntersteigen. Unten geht's zweimal links und auf der *„Bergstraße"*
kehren wir zum Parkplatz an der Kirche zurück.

▷ *Wie kommt man nach Ebersberg?*
  Ebersberg ist ein Teilort der Gemeinde Auenwald. Auf der B 14
  aus Richtung Winnenden kommend, zweigt man in Waldrems
  rechts ab und fährt über Heiningen und Unterweissach nach Un-

terbrüden. Man fährt immer geradeaus weiter in Richtung Murrhardt und biegt in Lippoldsweiler rechts ab nach Ebersberg. In der Ortsmitte geht es links und dann rechts ansteigend die „Bergstraße" hoch. Um eine Haarnadelkurve herum und dann immer weiter die recht enge Straße aufwärts bis zum Parkplatz bei der katholischen Kirche, rechts den Kirchberg hinunter.

○ *Weglänge:*   7 km

Heimatmuseum Unterweissach

▷ *Wie kommt man hin?*
Das Heimatmuseum in Unterweissach befindet sich in der „Brüdener Straße 7". Über Unterbrüden nach Unterweissach, dann sieht man am Ortsanfang rechts an der Straße schon das Museum in einem ehemaligen Bauernhaus.

△ *Öffnungszeiten:* April bis Oktober
          jeden 1. und 3. Sonntag   14.00–17.00 Uhr

∞ *Eintritt:*   frei

★ *Auskünfte:*   Telefon 0 71 91/5 29 41

✿ *Hinweis:*
Diese Tour ist besonders schön im Frühjahr bei der Obstbaumblüte.

☆ *Einkehrmöglichkeit:*
Gasthaus „Waldhaus" (montags Ruhetag), Telefon 0 71 91/5 20 81

▢ *Kartenempfehlung:*
Naturpark Schwäbisch-Fränkischer Wald 1 : 50 000 Landesvermessungsamt Baden-Württemberg

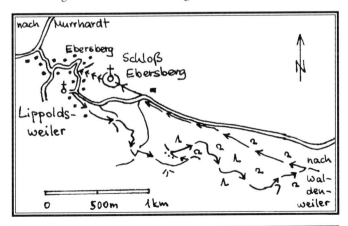

Klappe auf – Wasser marsch!

Vom Trailhöfle zum Hinteren Hörschbachwasserfall

Wer mit Kindern viel erleben will, ohne dabei lange unterwegs zu sein, ist bei diesem Ausflugstip genau richtig. Natürlich ist auch eine Verlängerung der Runde ohne weiteres möglich.

Vom Ausgangspunkt am Parkplatz beim *Trailhöfle* marschieren wir auf dem Schotterweg in Richtung der Häuser am Waldrand entlang los. Wir treffen auf die Wegmarkierung *blauer Punkt*, der Weg kommt von *Oberbrüden* und über den *Heslachhof* hier herauf (größere Runde). Im Wald halten wir uns, beschildert in Richtung Wasserfall, nach rechts immer dem *blauen Punkt* nach. Bald schon zweigt der markierte Weg nach rechts hinunter ab. Aber auch geradeaus auf dem Schotterweg kommen wir zum Wasserfall, dieser Weg ist vielleicht nach Regentagen dem anderen vorzuziehen. Bald hören wir schon das Wasser rauschen und erreichen nach rechts ebenfalls unser Ziel.

Das Besondere am **Hinteren Hörschbachwasserfall** ist die „Selbstbedienung". Das Wasser sammelt sich in einem kleinen Stausee, der durch eine Stauklappe abgelassen werden kann. Das Tolle an der Sache ist, daß man diese Klappe selber von Hand öffnen kann. Es ist spannend, den Schwall Wasser zu beobachten. Bis an die Kante, über die das Wasser herabstürzt, muß das Wasser nämlich noch einige Meter über moosbewachsene Steine zurücklegen. „Das Wasser kommt!" hört man die voller Erwartung wartenden Kinder und Erwachsenen rufen. Das angestaute Wasser ergibt nämlich einen viel schöneren und größeren Wasserfall, als ihn der kleine Hörschbach sonst bieten könnte.

Auf einmal beginnt das Rauschen und Tosen. Ganz plötzlich wird aus dem kleinen Rinnsal für einige Momente ein brausender Wasserfall. Jeder schaut dem Naturschauspiel fasziniert zu. Dann läßt das Rauschen und Tosen allmählich nach, ein Zeichen dafür, daß der Stausee nun leergeworden ist. Sobald das Wasser abgeflossen ist, schließt sich die Klappe wieder. Je nach Menge des Zuflusses dauert es dann unterschiedlich lange, bis der kleine Stausee sich wieder gefüllt hat und es zu einem neuen Wasserfall-Erlebnis reicht.

Wir können auch am Bach entlang ein paar Schritte hinunterklettern und das laute Rauschen und Getöse des Wasserfalls einmal aus einer anderen Perspektive erleben. Natürlich braucht man dann oben noch jemanden, der den Schleusenwärter macht.

An der Staumauer des Wasserfalls

Der kleine Steig führt übrigens hinunter bis zum *Vorderen Wasserfall* – ein kleines Abenteuer, da der schmale Pfad sich von Jahr zu Jahr durch Erdrutsche, Unterspülungen usw. verändert.

Für unseren Rückweg spazieren wir bachaufwärts am aufgestauten Bach entlang weiter. Hier gilt für uns der *rote Balken* des *Georg-Fahrbach-Weges* als Markierung. Ein idyllischer Pfad führt über schmale

Holzstege, noch einmal sehen wir eine kleine Wasserfallstufe, dann verlassen wir das Tal. Fast senkrecht steigen wir aufwärts, aber kaum, daß es anstrengend wird, ist es schon geschafft. Oben geht es nach rechts weiter. Wir kommen zu den Häusern der *Rottmannsberger Sägmühle*, wenden uns nochmals nach rechts und wandern über Obstbaumwiesen dem nächsten Wald zu. Geradeaus in den Wald hinein weiter und wenig später erreichen wir unseren Ausgangspunkt am Trailhöfle wieder.

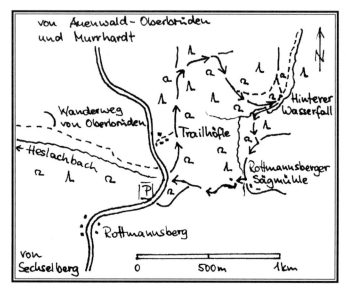

▷ *Wie kommt man zum Parkplatz am Trailhöfle?*
Es führen mehrere Wege zum Trailhöfle. Je nachdem, aus welcher Richtung man kommt, ist es über Auenwald-Oberbrüden, Sechselberg oder über Murrhardt-Trailhof (Straße bei Schnee- und Eisglätte gesperrt) am besten zu erreichen.
Der Waldparkplatz liegt zwischen Rottmannsberg und dem Trailhöfle auf der linken Seite der Straße. Ein Blick in die Karte ist hier sicher hilfreich.

○ *Weglänge:*   kurze Runde: 3 km
                          längere Runde: 9 km bzw. ab Heslachhof 7 km

❀ *Tip:*
Nach einer Schneeschmelze im Winter sieht man die besten und schönsten Wasserfälle. Da wird der kleine Stausee in kurzer Zeit wieder aufgefüllt. Leider sind zu dieser Zeit die Wege meistens

recht matschig. Aber wenn man das vorher weiß, kann man sich bei der Auswahl der Kleidung und der Schuhe von vornherein darauf einstellen.

❀ *Hinweis für die größere Runde:*
Die Runde läßt sich nach Belieben auch vergrößern. Ausgangspunkt ist hierfür Auenwald-Oberbrüden bzw. der Heslachhof. Der Markierung *blauer Punkt* nach trifft man auf die oben beschriebene Runde. Man hat dabei einen Höhenunterschied von knapp 200 m zu überwinden (Karte mitnehmen!).

▱ *Kartenempfehlung:*
Naturpark Schwäbisch-Fränkischer Wald 1 : 50 000 Landesvermessungsamt Baden-Württemberg

Wenn Riesen in Streit geraten ...

Viel erleben bei und in Murrhardt

Murrhardt ist ein schönes kleines Städtchen mitten im Herzen des Schwäbischen Waldes. Bei diesem Ausflugstip wollen wir die nähere Umgebung sowie das Städtchen selber ein wenig kennenlernen. Murrhardt kann auf eine lange und wechselvolle Geschichte zurückbliken. Schon die Römer haben hier vor ungefähr 2000 Jahren ein Kastell errichtet. Der Limes, also die Grenze des riesigen römischen Reiches, führte gerade hier vorbei. Reste davon sind heute noch teilweise zu sehen. Schnurgerade wurde hier der Limes über Berge und Täler hinweg als Grenzbefestigung mit Graben, Wall und Palisadenzaun errichtet. Rechts und links des schmalen Murrtals erheben sich aussichtsreiche Höhen und Wälder, die wir unterwegs besonders bei Köchersberg und am Aussichtsturm Steckbuche genießen können. Von den Riesen soll aber erst später die Rede sein!

Vom Wanderparkplatz *„Riesberg"* wandern wir auf dem geschotterten *Riesbergrundweg* geradeaus los. An der ersten Kreuzung folgen wir nach rechts dem Wanderweg, der mit einem *blauen Kreuz auf weißem Grund* markiert ist. Leicht bergab führt uns der Weg und aus dem Wald hinaus. Am Waldrand entlang wandern wir auf die Häuser von *Käsbach* zu. In der Ferne erkennt man geradeaus den Wasserturm von Kaisersbach. Wir erreichen den Ortsanfang von Käsbach und halten uns links in Richtung *Köchersberg*. Auf dem kleinen und wenig befahrenen Sträßchen wandern wir auf den Waldrand zu. Leicht bergab und anschließend wieder ein wenig bergauf durchqueren wir das schmale Waldstück. Von rechts mündet der *Limeswanderweg Wörnitz-Rems-Main* in unser Sträßchen ein. Nun haben wir einen *roten Balken* und einen *schwarzen symbolisierten römischen Wachturm* als Wanderzeichen. Wenig später erkennen wir Reste eines römischen Wachturmes. So ein römischer Wachturm wurde in der Anfangszeit noch aus Holz und später aus Steinen errichtet. Jeweils vier bis acht Mann stark war die Besatzung eines solchen Turmes. Vom „richtigen" Limes mit Palisade, Graben und Wall ist hier auf der Hochfläche nichts mehr im Gelände zu erkennen. Aber die Aussicht, die die Römer sicher auch schon zu ihrer Zeit hatten, ist von hier oben herrlich. Kein Wunder, daß die Alemannen lange Zeit keine Chance hatten, die Römer zurückzudrängen. Von hier aus hat man sie sicher schon von weitem erkannt. Geradeaus bleiben wir noch ein Stück auf der Straße, dann geht es bezeichnet nach links weiter. Über weite Wiesen und große Felder wandern wir aussichtsreich weiter. Am Apfelbaum an der nächsten Kreuzung zeigt ein Schild die Richtung an, die der Limes damals über weite Strecken fast schnurgerade beibehalten hat. Gegenüber von uns auf der anderen Talseite liegt die Ortschaft *Karnsberg*, rechts im Tal unten sieht man *Fornsbach* und im Hintergrund erkennt man die *Schanze*. Schanze, so wird der sattelartige Einschnitt an der Straße zwischen Fornsbach und Fichtenberg genannt.

Wir folgen dem *Limeswanderweg* nach links, bis wir am nächsten Baum, diesmal an einem Birnenbaum, nach rechts gewiesen werden. Leicht abwärts kommen wir an einem *Modellflugplatz* vorbei, dessen Flugzeuge wir bestimmt schon eine Weile aus der Ferne beobachtet haben. Für uns heißt es nun, nach rechts steil hinabzusteigen, bis wir auf einem geschotterten Forstweg stehen. Nach links gehen wir weiter, immer noch befinden wir uns auf dem *Limeswanderweg*. An der Stelle, an der der Limeswanderweg nach rechts abzweigt, halten wir uns links und haben es nun nicht mehr weit bis zum *Römersee* und zum *Festplatz*. Ehe wir den kleinen Weiher *Römersee* erreichen, sehen wir links einen Weg – mit einem *blauen Kreuz* markiert – der aufwärts führt. Da wollen wir nachher weiterwandern. Den Römersee gab es zur Zeit der Römer dagegen noch nicht. Er ist erst später durch Rutschungen des Geländes entstanden. In wenigen Schritten gelangen wir geradeaus weiter zum *Festplatz*. Der Festplatz ist eine Grillstelle mit viel Freiraum, mit etlichen alten Bäumen und natürlich mit Tischen und Bänken. Hier läßt sich eine tolle Rastpause einlegen.

Vor dem Weitergehen sollten wir der Sage über die Entstehung des Felsenmeeres lauschen: Auf dem Steinberg nördlich und auf dem Riesberg südlich von Murrhardt standen in alter Zeit zwei mächtige Burgen, die beide von Riesen bewohnt waren. Sie lebten viele Jahre ruhig und zufrieden nebeneinander, bis sie eines Tages jedoch in Streit gerieten. Voller Zorn bewarfen sie sich gegenseitig von ihren Burgen aus mit riesigen Steinblöcken. Der Riese vom Steinberg traf den vom Riesberg gleich mit dem ersten Steinbrocken so unglücklich, daß er auf der Stelle tot umfiel. Da der wütende Steinbergriese das aber nicht sehen konnte, schleuderte er weiterhin große Felsstücke in Richtung Riesberg. Durch diesen Steinhagel soll das Felsenmeer entstanden sein.

Also gehen wir weiter, wieder am *Römersee* vorbei und dann rechts aufwärts dem *blauen Kreuz* nach. An den Tafeln am Wegrand erkennen wir, daß wir uns hier auf einem *Waldlehrpfad* befinden.

Nun kommt der wohl für Kinder interessanteste Teil der Strecke: zuerst das *Felsenmeer* und dann der *Aussichtsturm Steckbuche*. Im

Die Grillstelle am Festplatz

Zick-Zack-Kurs windet sich das Steiglein durch die romantische Felsen- und Baumwildnis empor. Große und kleine Felsbrocken türmen sich übereinander. Man sieht, der Riese vom Steinberg hat gute Arbeit geleistet. Die Felsen sind hier meist sehr feucht und daher oft mit Moos überzogen. Beim Höhersteigen sollten wir trotz aller Begeisterung gut auf die Markierungen achten! Weiter oben kommen wir ganz nahe an die einige Meter hohe, senkrecht abbrechende Felswand heran. An der oberen Kante wachsen bis ganz vorne hin noch Bäume. Kein Wunder, daß da ab und zu mal einer „abstürzt". Bald ist der Aufstieg durch das Felsenmeer geschafft. Daß es bergauf ging, haben die Kinder vor lauter Kletterei sicher kaum gemerkt! Oben halten wir uns auf einem idyllischen Pfad nach rechts. Auf einer Holzbrücke überqueren wir einen Seitenarm der *Hotzenklinge*. In die steile Schlucht sollten nur Schwindelfreie einen Blick werfen.

Auf dem sandigen Weg wandern wir am Hang entlang weiter und können noch ein paar Mal tief in die Hotzenklinge hinunterschauen. Wer für Tiefblicke nicht so viel übrig hat, kann dagegen auf der sichereren linken Seite nach Heidelbeeren Ausschau halten.

Bald schon erreichen wir die Stelle, an der wir uns überlegen müssen, ob wir einen lohnenden Abstecher zum *Aussichtsturm Steckbuche* – ebenfalls mit Grillstelle – einschieben wollen. Nach rechts auf dem weichen Waldweg und immer noch auf dem *Waldlehrpfad* entlang erreichen wir den ganzjährig frei zugänglichen Aussichtsturm. Tolle Felsen bieten sich als Übungsgelände für zukünftige Bergsteiger an und selbst für junge Höhlenforscher gibt es Möglichkeiten!

Auf dem mit einem *blauen Kreuz* gekennzeichneten Weg kehren wir zu der Abzweigung zurück. Geradeaus – wer keinen Abstecher gemacht hat, hält sich links – auf dem markierten Weg kehren wir nun zum Auto zurück. Über den ersten Querweg wandern wir hinüber, aber auf dem zweiten halten wir uns nach rechts, hätte es jemand gemerkt? Hier stehen wir wieder an der gleichen Kreuzung wie vorher kurz nach dem Abmarsch! Also ist es bis zum Parkplatz nicht mehr weit!

Nun wollen wir aber noch **Murrhardt** näher kennenlernen. Keine Angst, wandern braucht niemand mehr, Ehrenwort! Wer natürlich freiwillig eine Runde um den *Feuersee* (mit Spielplatz) oder durch den *Stadtpark* drehen möchte, ist hierzu herzlich eingeladen!

Zuerst ein kurzer Überblick über die Stadtgeschichte: Durch die Lage direkt am Limes wurde schon 150 n. Chr. in der heutigen „Riesbergstraße" ein römisches Kastell errichtet. Auf dem Hügel, auf dem heute die *Walterichskirche* steht, befand sich schon damals ein *römisches Heiligtum*, das dem Sonnengott *Mithras* geweiht gewesen sein könnte. Anfang des 9. Jahrhunderts gründete der Einsiedler *Walterich* in Murrhardt ein Benediktinerkloster. Die Walterichskapelle neben der heutigen Stadtkirche wurde erst im 13. Jahrhundert an die damalige *Klosterkirche* angebaut. Sie ist ein Kleinod spätromanischer Baukunst. Die phantastischen Tiergestalten, Pflanzenmuster und die als Tierfiguren gefertigten, mittelalterlichen Sinnbilder für menschliche Tugenden und Laster sind auch von außen gut zu erkennen.

Ein gewaltiger Stadtbrand – übrigens ausgelöst durch zündelnde Kinder – zerstörte die Stadt 1765 fast vollständig. Nur wenige Häuser sind aus der Zeit davor erhalten geblieben. Die Gasse, in der das Feuer damals seinen Anfang genommen hat, heißt heute noch *Brandgasse*.

Nun zur heutigen Zeit: „Am Marktplatz 5" befindet sich in den Räumen der Sparkasse das **Informationszentrum des Naturparks Schwäbisch-Fränkischer Wald**. Auf mehr als 30 verschiedenen Tafeln wird der Naturpark in Text und Bild anschaulich vorgestellt.

Was ist eigentlich ein Naturpark? Ein Naturpark zeichnet sich durch Vielfalt, Eigenart und Schönheit von Natur und Landschaft aus. Zusätzlich soll er auch zur Erholung der Besucher dienen. Eine derartige Aufgabenstellung ist jedoch oft ein zweischneidiges Schwert: Erholungseinrichtungen wie Spiel-, Rast- und Grillplätze, Schutzhütten und natürlich auch Wanderwege sind anzulegen, aber typische bzw. empfindliche Landschaftsformen oder -teile dürfen nicht gefährdet werden.

Der Naturpark Schwäbisch-Fränkischer Wald wurde 1979 gegründet. Mit 904 Quadratkilometern Fläche umfaßt er den Murrhardter und Mainhardter Wald, imSüden den Welzheimer Wald, im Norden reicht das Gebiet bis zu den Löwensteiner und Waldenburger Bergen. Natürlich ist der Wald mit mehr als 50% der Gesamtfläche das landschaftsbestimmende Element.

Keiner sollte seinen Besuch in Murrhardt beenden, ohne vorher dem **Carl- Schweizer-Museum** einen Besuch abgestattet zu haben. Das private Museum der Familie Schweizer wurde im Jahre 1931 gegründet. Die *naturkundliche Abteilung* des Museums ist für Kinder natürlich immer am interessantesten: fast alle Säugetiere und Vögel Mitteleuropas sind hier zu bestaunen! In ihren natürlichen Lebensräumen sind die Tiere in Gruppen zusammengefaßt und präsentieren sich so den Besuchern auf eine faszinierende Art und Weise. In der *heimatgeschichtlichen Abteilung* sind Funde aus der Steinzeit, von den Römern und vieles mehr zu bewundern. Am besten, man schaut es sich einfach an!

▷ *Wie kommt man zum Wanderparkplatz?*
Der Waldparkplatz liegt links an der Straße zwischen Murrhardt und Vorderwestermurr. Man fährt auf der kurven- und kehrenreichen Straße aufwärts, der Parkplatz liegt auf der linken Seite.

○ *Weglänge:* 8 km

Informationszentrum Naturpark Schwäbisch-Fränkischer Wald
▷ *Wie kommt man hin?*
Das Informationszentrum befindet sich „Am Marktplatz 5". Parkmöglichkeiten vor dem Haus.

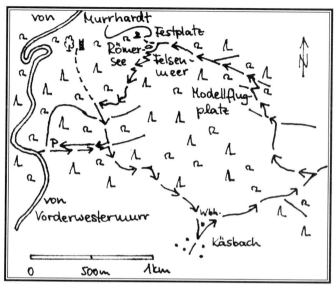

△ *Öffnungszeiten:* montags bis freitags   8.00–12.00 Uhr
montags und donnerstags   14.00–18.00 Uhr
dienstags und freitags   14.00–16.30 Uhr
sonntags (Sommerhalbjahr)   9.30–11.30 Uhr

∞ *Eintritt:*   frei

Carl-Schweizer-Museum

▷ *Wie kommt man hin?*
Das Carl-Schweizer-Museum befindet sich in der „Seegasse 27".
Die Zufahrt ist ausgeschildert. Wer vom Wanderparkplatz nach
Murrhardt hinunterfährt, hält sich zuerst links in die „Garten-
straße" hinein und zweigt dann die zweite Straße rechts ab („Frie-
densstraße"). Das Museum befindet sich auf der rechten Seite,
gegenüber des Feuersees. Vom Marktplatz erreicht man das Museum in wenigen Minuten über den Klosterhof zu Fuß.

△ *Öffnungszeiten:* von Karfreitag bis 31. Oktober
werktags   11.00–12.00 Uhr
und   16.00–17.00 Uhr
samstags   11.00–12.00 Uhr
und   16.00–17.00 Uhr
sonn- und feiertags   10.00–12.00 Uhr
und   14.00–17.00 Uhr

Gruppen nach Vereinbarung

∞ *Eintritt:*   Erwachsene   DM   3,00
                   Jugendliche ab 10 Jahren   DM   2,00
                   Kinder von 6 bis 9 Jahren   DM   1,50
                   Kinder von 3 bis 5 Jahren   DM   1,00

★ *Auskünfte:*   Telefon 0 71 92/54 02
                   Fax 0 71 92/18 96
                   (Dr. Rolf Schweizer)

☆ *Einkehrmöglichkeiten:*
in Murrhardt und in Vorderwestermurr

▢ *Kartenempfehlung:*
Naturpark Schwäbisch-Fränkischer Wald 1 : 50 000 Landesvermessungsamt Baden-Württemberg

Durchs wilde Murr-distan

Zur Murrquelle bei Vorderwestermurr

Die Murrquelle bei Vorderwestermurr ist das Ziel dieser Wanderung. Aber da man sie auch fast mit dem Auto erreichen könnte, steht der Ausflugstip unter dem bekannten Motto: Der Weg ist das Ziel. Indem wir ihr flußaufwärts bzw. bachaufwärts folgen, lernen wir dabei die Murr von allen Seiten kennen. Der mittlere Teil ist das Herzstück dieser abenteuerlichen Wanderung: Ohne Weg und Steg müssen wir uns durch das enge Tal der noch jungen Murr aufwärts „kämpfen". Mal geht es leichter auf der rechten Seite, dann sieht man links wieder die bessere Möglichkeit. Aufpassen muß man schon, aber nirgends ist das Durchkommen unmöglich. Das Überqueren der Murr erfordert natürlich ein gewisses Maß an Trittsicherheit – aber das ist ja gerade der Reiz! Dagegen wird das eigentliche Ziel – der Murr-Ursprung – bestimmt nur zur „Nebensache". Natürlich sollten auch die Eltern voller Begeisterung mit dabeisein, denn die Tour erfordert schon einiges an „Pioniergeist". Wer aber solche wildromantischen Erlebnisse liebt, kommt hier voll auf seine Kosten.

Am Ausgangspunkt fängt alles noch ganz harmlos an: Wir starten geradeaus auf dem Schotterweg. Wenn wir auf den mit einem *roten Balken* markierten Weg treffen, müssen wir uns scharf rechts halten. Auf einem idyllischen Waldpfad kommen wir zu dem Gehöft *Rotenmad.* Hier gelangen wir für kurze Zeit auf einen Fahrweg, von dem wir aber – dem *blauen Kreuz* folgend – links nach Murrhardt hinunter abzweigen. Zunächst geht's steil abwärts. Wir treffen auf einen Schotterweg, hier heißt es kurz links und dann gleich wieder rechts halten. Das *blaue Kreuz* führt uns aus dem Wald hinaus, über schöne Wiesen und weiter bis nach *Hinterwestermurr.* Das Bächlein, das neben uns plätschert, ist noch nicht die Murr, sondern der Gehrnbach, ein kleiner Seitenbach der Murr. Geradeaus durchqueren wir den kleinen Ort, kommen am kleinen Freibad vorbei und erreichen dann – abwärts dem *blauen Kreuz* nach – die *Schloßhöfer Sägmühle.* Schon 1485 wurde die Mühle errichtet, ein großes altes Wasserrad kann man noch erkennen. Links geht es weiter und wir kommen bald an den Zusammenfluß der Murr und seines Seitenbaches.

Wir sollten uns hier noch einmal stärken, ehe dann der abenteuerliche Abschnitt beginnt. Auf einem Holzsteg überqueren wir die Murr das vorläufig letzte Mal so komfortabel und bequem.

Wir verabschieden uns vom *blauen-Kreuz-Weg,* der steil in Richtung Käsbach ansteigt. Nach links kommen wir an Fischteichen vorbei. Hier müssen wir das erste Mal die Murr nach links überqueren. Wir dürfen keinesfalls geradeaus weiter, dies ist wiederum nur ein Seitenarm der Murr, der aus einer hohen und engen Klinge herauskommt (Wir können auch vor der Einmündung des Gehrnbaches in die Murr gleich links abzweigen, versäumen dann aber den Holzsteg. Dieser Weg kann eventuell nötig werden, wenn die Fischteiche eingezäunt sind.). Nun ist jeder auf sich alleine angewiesen. In

Der Murr entlang aufwärts

Bachnähe finden sich aber immer Möglichkeiten zum Weiterkommen. In dem romantischen Tal stoßen wir auf kleinere und größere Hindernisse wie z. B. umgestürzte Bäume oder einen Erdrutsch. Mal ist die eine Seite der Murr besser begehbar, mal die andere. Es finden sich jedoch immer wieder Stellen, wo man sie – mutig von Stein zu Stein springend – überqueren kann. Man kommt sich vor, als ob noch nie zuvor ein anderer Mensch in dieser Wildnis unterwegs war.

Wir kommen an senkrechten Abbrüchen vorbei, die das Wasser im Laufe von Jahrhunderten ausgespült hat. Sehr deutlich sehen wir hier die verschiedenen Gesteinsarten. In Schichten übereinander erkennt man den *Gipskeuper* an der grau-grünen Farbe und die *Bunten Mergel,* meistens rot-braun. Wir machen dabei einen Blick in die geologische Entstehungsgeschichte unseres Landes. Die hier sichtbaren Gesteinsarten stammen nämlich aus dem Erdmittelalter, dem Mesozoikum (vor 60 – 200 Millionen Jahren). Man kann sich nun gut vorstellen, warum das Gestein so verwittert (bröselig) ist. Hier können sogar Kinder größere Steine mit den Händen zerbrechen, wer möchte es ausprobieren?

„Da vorne ist ein Wasserfall, wie sollen wir da nur weiterkommen?" ruft es von den vorderen Kundschaftern. Hier müssen wir uns in Gehrichtung rechtzeitig rechts aufwärts halten – und gelangen auf einen erkennbaren Weg. Enttäuscht – oder etwa gar erleichtert? – bleiben wir auf ihm und sehen bald noch ein paar kleinere Wasserfallstufen. Ein letztes Mal überspringen wir die Murr und kommen an der *Westermurrer Mühle* wieder auf einen „normalen Weg". An dem kleinen See oberhalb der Mühle lädt eine Bank zu einer sicher willkommenen Verschnaufpause ein. Nun ist es bis zum Murr-Ursprung nicht mehr weit. Rechts über die Brücke und gleich links auf dem kleinen Steig aufwärts geht es nach *Vorderwestermurr* weiter. Links plätschert die immer schmaler werdende Murr durch eine enge Klinge. Schon bald sieht man die ersten Häuser der Ortschaft. Nach rechts wandern wir auf der Straße in die Ortschaft hinein. Den Wald haben wir nun hinter uns gelassen, ringsum sehen wir Felder und Obstbaumwiesen. Zum Murr-Ursprung müssen wir beschildert nach links nur noch ein paar Meter weiter wandern. Dann sehen wir den **Murr-Ursprung**: Eine gefaßte Quelle markiert den Beginn der knapp 55 km langen Murr, die ab hier in einem Bogen Murrhardt erreicht und weiter über Sulzbach und Backnang in Richtung Neckar fließt, in den sie bei Murr mündet. Diese Quelle im Stubensandstein ist einzigartig, daher ist dies hier ein besonderer Platz. Schon vor 8000 Jahren soll sich an dieser Stelle ein steinzeitlicher Rastplatz befunden haben.

In Richtung Vorderwestermurrer Sägmühle machen wir uns auf den Rückweg. Der *blaue Punkt* führt uns auf der Straße entlang zurück, so wie wir gekommen sind. Wir bleiben weiterhin auf dem

Sträßchen und erreichen bald die wenigen Häuser der *Vorderwester-murrer Sägmühle.* Dort angekommen, geht es nach links noch ein kurzes Stück auf der Straße bis zur nächsten Kurve, dann zweigt nach rechts der mit dem *blauen Punkt* markierte Weg in Richtung *Ebnisee* und *Rotenmad* ab. Der Pfad geht teilweise fast durchs Unterholz, ohne Markierung würden wir nicht glauben, daß wir richtig sind! Wir gewinnen allmählich an Höhe, überqueren einen Schotterweg und erklimmen einen kurzen Aufschwung. Nun haben wir den anstrengendsten und größten Teil unserer Wanderung hinter uns. Auf dem nächsten Schotterweg treffen wir auf die vom Anfang her bekannte Markierung *roter Balken,* die uns nun geradeaus wieder die richtige Richtung weist. Wenn der *rote Balken* den Schotterweg nach links verläßt (richtig, das ist die Abzweigung, die wir am Anfang genommen haben!), bleiben wir bis zum Parkplatz auf dem befestigten Weg. Oder möchte jemand die Runde gleich nochmals machen?

▷ *Wie kommt man zum Parkplatz bei Rotenmad?*
Nach Althütte und weiter in Richtung Ebni bzw. zum Ebnisee. Nach dem Anstieg in Richtung Ebni links das Sträßchen nach Rotenmad abzweigen. Geradeaus am Fratzenklingenhof und am Fratzenwiesenhof vorbei. Dann links halten und der Waldparkplatz ist erreicht.

○ *Weglänge:*   8 km

❀ *Hinweis:*
Ausnahmsweise ist diese Tour eher für größere Kinder gedacht. Für sie kann es bei einer Wanderung gar nicht „dick genug" kommen. Mit festen Schuhen oder Stiefeln – auf jeden Fall mit guten Sohlen – ist man für diese Tour am besten ausgerüstet. Natürlich brauchen die Kinder noch mutige Eltern, die sich auf eine solche Abenteuer-Tour einlassen!

❀ *Was man sonst noch erleben kann:*
In dem Tal zwischen Ebni und Althütte befindet sich auf der rechten Seite ein schöner und großer Spielplatz mit Grillstelle und Schutzhütte. Auch ein Wassertretbecken ist in der Nähe (etwa 50 m oberhalb des Parkplatzes).

▷ *Wie kommt man zum Waldspielplatz?*
Auf der Straße zwischen Ebni und Althütte in der Talsohle – noch vor der Brücke – nach rechts abzweigen und weiter zum Parkplatz.

❀ *Tip:*
Auch bis zum Ebnisee ist es von hier aus nicht mehr weit. Der 1743 für die Holzflößerei angestaute See lädt heutzutage zum Baden und Boot fahren ein.

☆ *Einkehrmöglichkeiten:*
Hinterwestermurr:
Gasthaus „Stern" (montags Ruhetag) Telefon 0 71 92/53 85
Vorderwestermurr:
Gasthaus „Murrquelle" (freitags, samstags, sonn- und feiertags
geöffnet) Telefon 0 71 92/81 58
Gasthaus „Rössle" (kein Ruhetag) Telefon 0 71 92/39 85

▢ *Kartenempfehlung:*
Naturpark Schwäbisch-Fränkischer Wald 1 : 50 000 Landesvermessungsamt Baden-Württemberg

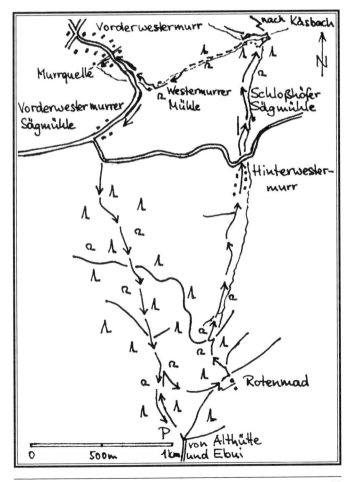

Ist es in der Mordklinge gefährlich?

Vom Waldsee bei Fornsbach zu einer Felsenklinge

Der *Waldsee* ist in den Sommermonaten ein beliebtes Ausflugsziel. Baden, Boot fahren, Tischtennis und Minigolfspielen oder mit dem Mini-Zügle eine Runde zu drehen, das sind nur einige der Unternehmungen, die dort möglich sind. Eine Runde um den See zu spazieren, ist bei heißem Sommerwetter wohl schon genug an „Anstrengung", die man sich und seiner Familie zumuten möchte. Aber es gibt im Jahr auch noch viele weniger heiße Tage, an denen man zu der kleinen Wanderung zur Mordklinge aufbrechen könnte! Übrigens bedeutet der Name nicht, daß hier ein derartiges Verbrechen stattgefunden haben muß. In der Überlieferung ist zumindest nichts davon bekannt. In alter Zeit gab es zum Beispiel auch die Bezeichnung „toter Mann" für einen eingestürzten Stollen. Natürlich verwendete man daraufhin solche Namen gerne als Gebietsbezeichnung. Läßt man dann noch Jahre und Jahrzehnte darüber verstreichen, geht die ursprüngliche Bedeutung oftmals allmählich verloren. Zum Schluß bleibt nur noch die reale Deutung aus heutiger Sicht!

Vom Parkplatz aus starten wir in Richtung Gaststätte. Der *blaue Balken auf weißem Grund* ist unsere Markierung. Schon nach wenigen Schritten erreichen wir den See. Fast ringsum ist er von Wald umgeben. Geradeaus schlendern wir am linken Ufer des Sees entlang weiter. Im hinteren Bereich des Waldsees gibt's einen extra abgetrennten Teil für Nichtschwimmer. Geradeaus ist die Zufahrt des Campingplatzes, wir halten uns zuerst rechts und dann links. An den Tischtennisplatten vorbei verlassen wir das Seegelände und meist auch den Trubel und zweigen in den ruhigen Wald ab. Weiterhin dem *blauen Punkt* nach gehen wir am Gelände des Campingplatzes vorbei. Kurz bergab, über eine Brücke hinüber und dann steigt der Weg allmählich an. An einer Kreuzung weist der *blaue Punkt* nach links. Wir wählen hier die direkte Linie und steigen links vom Schotterweg geradeaus auf der deutlichen Wegespur aufwärts, als Kennzeichnung dient eine *blaue 2* an einem Baum. Die Wegespur verjüngt sich zu einem Steiglein und weiterhin geht's bergauf. Der erste Teil des Aufstiegs ist geschafft, wenn wir unseren *blauen Punkt* wieder sehen. Nach rechts folgen wir weiterhin der Markierung und gewinnen immer mehr an Höhe. Die Klinge rechts ist noch nicht unser Ziel. Im Zick-Zack-Kurs steigen wir aufwärts und treffen auf einen

Schotterweg. Hier müssen wir nach rechts weiter. Der steilste und anstrengendste Teil der Tour ist jetzt bereits geschafft! Nach wenigen Metern kommen wir an eine Straße und nach rechts über eine Brücke hinweg zu einem Parkplatz.

In Richtung *Mordklinge* weist uns ab hier ein anderes Zeichen, der *rote Punkt*. Da der Hinweg zur Mordklinge mit dem Rückweg identisch ist, können wir uns die Stellen, an denen wir abbiegen, gut einprägen. Das wäre vielleicht auch eine – natürlich freiwillige – Aufgabe für die Kinder!

Auf einem Trampelpfad verschwinden wir im Unterholz. Immer geradeaus überqueren wir einen Waldweg, um gleich darauf wieder im nächsten dichten Wald unterzutauchen. Auf der rechten Seite wird der Wald dann lichter und bald darauf zweigen wir nach links in eine deutliche Gasse ab. Es stimmt, wenn wir darauf unvermittelt auf eine Fahrstraße stoßen. Rechts auf dieser Straße in Richtung *Hornberg* bleiben wir nur kurz. Schon sehen wir unseren nächsten Waldweg, auf dem es links dem *roten Punkt* nach weitergeht. An der nächsten Gabelung müssen wir rechts hinab. Nun wird es spannend. Von oben sieht alles noch ganz harmlos aus, nichts Besonderes weist auf die Mordklinge hin. Noch einmal heißt es abzweigen, und zwar nach links, dann hört man schon ein Rauschen. Aber wie kommt man näher hin?

Vorsichtig können wir über Felsen hinuntersteigen und sehen die **Mordklinge** nun aus einer viel interessanteren Perspektive. Auch in der Mordklinge hat das Wasser aus dem Sandsteinfelsen eine große Aushöhlung herausgewaschen. Von oben stürzt über die Felsen ein Wasserfall herab. Aber rauscht da nicht noch ein Wasserfall? Ja, tatsächlich, ein paar Schritte weiter, um eine Kurve herum – und noch ein Wasserfall rauscht über Felsen herab. Schaurig schön ist es hier!

Auf dem gleichen Weg finden wir sicherlich zum Parkplatz an der Straße zurück. Von dort aus wenden wir uns nach links und gehen rechts auf dem Schotterweg bergab. Wir kommen an einem Hochsitz auf der rechten und an einem Hochsitz auf der linken Seite vorbei. Wenig später können wir ein Stück des Weges abkürzen. Nach rechts auf einer Wegspur – welche Fahrzeuge schaffen wohl so eine Steigung? – durch den Wald steil hinab, unten sieht man schon den Weg, auf den man wieder treffen möchte. Aber auch „außenherum" – also geradeaus weiter und dann rechts – gelangen wir zu der gleichen Stelle.

An der nächsten Möglichkeit wählen wir den linken Weg, der uns in eine U-förmige Schleife führt. Nach der Schleife erkennen wir schon wieder den Campingplatz und zweigen auf dem Weg nach rechts in den Wald hinein ab. Mit Riesenschritten nähern wir uns nun wieder dem Waldsee.

Mit vereinten Kräften ans andere Ufer

Nach links beenden wir unsere Rundtour und können auf dem Spielplatz mit vielen tollen Spielgeräten und einer seperaten extralangen Kurvenrutsche den Ausflug ausklingen lassen. Oder natürlich auch mit irgendeiner anderen Aktivität, von denen es hier ja nur so wimmelt!

▷ *Wie kommt man zum Parkplatz beim Waldsee?*
Von Murrhardt in Richtung Fichtenberg/Gaildorf fahren. Durch Fornsbach hindurch und gut beschildert nach rechts zum Waldsee.

○ *Weglänge:*   7 km

∞ *Preise:*

Ruderboot:	1/2 Stunde	DM 5,00
Tretboot:	1/2 Stunde	DM 8,00
Minigolf:	Erwachsene und Jugendliche	DM 3,00
	Kinder bis 12 Jahre	DM 2,00
Parkplatz:	meist ab Karfreitag bis Ende Oktober	DM 2,00

☆ *Einkehrmöglichkeit:*
Café-Restaurant „Waldsee" (montags Ruhetag)
Telefon 0 71 92/64 57
Kiosk beim Spielplatz

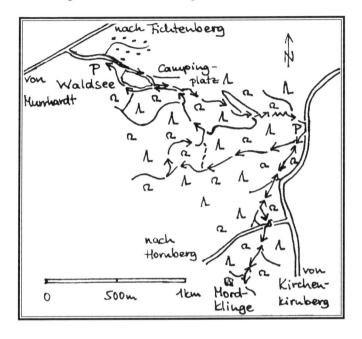

☐ *Kartenempfehlung:*
Naturpark Schwäbisch-Fränkischer Wald 1 : 50 000 Landesvermessungsamt Baden-Württemberg

Über'n Schlittenweg zur Großen Platte ❽

Erlebniswanderung bei Kaisersbach

Bei dieser Tour muß man nicht auf den Winter bzw. auf Schnee warten, wie man vielleicht auf den ersten Blick vermuten würde. Nein, der *Schlittenweg* geht auf eine geschichtliche Notwendigkeit zurück und hatte seine größte Bedeutung vor ungefähr zweihundert Jahren. Das war in der Zeit, in der meistens Holz als Brennmaterial verwendet wurde. Der große Brennholzbedarf im 18. Jahrhundert wurde durch die herzogliche Hofhaltung in Stuttgart und Ludwigsburg noch zusätzlich verstärkt. Die stadtnahen Wälder waren schon recht ausgelichtet, da mußte man auf die umliegenden Wälder zurückgreifen, wozu auch der Schwäbische Wald gehörte. Da es damals keine geeigneten Verkehrswege für den Holztransport gab, blieb vielerorts nur der „Wasserweg" als Lösung übrig. Auf der Wieslauf und der Rems wurde das Holz bis Waiblingen und Neckarrems geflößt. Der Ebnisee spielte als „Wasserreservoir" zum Flößen eine große Rolle. Dazu war er Mitte des 18. Jahrhunderts extra angelegt worden. Wenn der Schieber gezogen war, konnte man mit dem angestauten Wasser in einer regenarmen Zeit sechs Tage lang flößen. Um das Einzugsgebiet noch weiter zu vergrößern, kam man auf die Idee des Schlittenweges, der 1787 eingerichtet wurde. Auf dem 26 Kilometer langen Weg konnte nun Holz von Nestelberg bei Sulzbach am Kocher bis zum Ebnisee gebracht werden. Wie der Name schon sagt, auf Schlitten, die von einem Pferd oder zwei Ochsen gezogen wurden. Das Besondere an dem Weg ist, daß er große Steigungen möglichst vermeidet und das Gefälle im Gelände ausnützt. So wurden damals in jedem Winter mehrere hundert Klafter Holz transportiert (ein Klafter = 3,66 Raummeter). Für die gesamte Länge brauchte man nur fünf Stunden Zeit! Ganz erstaunlich!

Kurz vor dem Lager- und Stapelplatz beim Ebnisee wurde das angefahrene Holz dann auf einer vierhundert Meter langen Rutsche ins Tal befördert.

Ja, so eine Rutschbahn war nicht nur damals fürs Holz, sondern ist auch heute noch für Leute in allen Altersstufen interessant. Bei Kaisersbach gibt es eine **Sommerrodelbahn**, auf der man dem fröhlichen Vergnügen nachgehen kann.

Übrigens, der gesamte Schlittenweg war 66 Jahre lang in Funktion! Der westliche Teil ab Kaisersbach sogar noch länger. Dann übernahm ab dieser Zeit – Mitte des 19. Jahrhunderts – die Eisenbahn und ein verbessertes Straßennetz den Transport. Auch die Verwendung von Kohle verringerte den Brennholzbedarf.

Aber noch eine weitere Sehenswürdigkeit gibt es unterwegs zu bestaunen. Beim Wegebau des *Treibseesträßchens* im Wald zwischen Murrhardt und Kaisersbach stieß man 1889 auf eine dicke und große Steinplatte. Die Beseitigung der 300 Zentner schweren Platte dürfte damals eine recht große Anstrengung gewesen sein. Um sie der Nachwelt zu erhalten, stellte man sie seitlich des Weges – unterstützt von einem Mauerfundament – wieder auf.

Die *Große Platte* ist übersät von Einkerbungen. Früher dachte man, Tierspuren darauf erkennen zu können. Heute geht man davon aus, daß die hundertfünfzig Millionen Jahre alte Platte einen versteinerten Küstenmeeresboden darstellt und die Spuren evtl. getrocknete Schlammsprünge sein können.

Damit ist schon viel von dieser Tour vorgestellt worden, aber doch noch nicht alles. Unerschrockene Pfadfinder haben hier nämlich noch die Möglichkeit, eine eigene Route zu begehen. Das Bannwaldgebiet *Steinhäusle* lockt zu aufregenden und abenteuerlichen Entdeckungen.

Natürlich gibt's alternativ auch einen Vorschlag, der „für alle" ohne Hindernisse zu bewältigen ist. Aber noch dauert es eine Weile, bis wir an diese Stelle kommen.

Wir marschieren vom Parkplatz auf dem kleinen Fahrsträßchen nach rechts in Richtung *Mettelbach* los. Auf der rechten Seite sehen wir ein Wäldchen, dahin wollen wir. Etwa in der Mitte der Schmalseite des Wäldchens auf der rechten Seite zweigt nach rechts ein Weg ab. Wir folgen diesem Weg und merken bald an Hufspuren, daß hier wohl auch Reiter unterwegs sind. Wollen wir mit den Kindern nicht auch Pferdchen spielen? Um eine Linkskurve geht unser Pfad relativ eben weiter, links unten können wir einen geschotterten Weg erkennen. Beide Wege führen aufeinander zu und an der Einmündung können wir uns überlegen, ob wir einen kurzen Abstecher nach rechts machen wollen. Warum, was gibt es da zu sehen? Nach wenigen Metern kämen wir an eine Kreuzung, an der wir viel Wissenswertes über den **Schlittenweg** erfahren könnten. Auch würden wir feststellen, daß wir uns gerade darauf befinden!

Ab dem Schotterweg haben wir nun ein Wanderzeichen, einen *blauen Balken*. Die Richtung, in die wir weitergehen, lautet *Große Platte* und *Treibsee*. Nach links bleiben wir noch eine Weile auf dem historischen Schlittenweg, dann zweigt unser Weg nach rechts ab. Auf dem *Treibseeweg* geht es in Serpentinen abwärts und auf einmal erkennen wir rechts die **Große Platte**. Das Steinmonument ist wohl für jeden beeindruckend.

Die Große Platte

Weiterhin dem *blauen Balken* nach gelangen wir abwärts, dann heißt es links halten und von allen Seiten fließen kleine Bächlein dem **Treibsee** zu, der übrigens auch als Stausee zum Holzflößen angelegt wurde.

Wir kommen an einer Grillstelle vorbei und müssen uns fragen, ob wir gleich oder erst in etwa einer halben Stunde Hunger haben. Denn weiter oben kommt noch eine Rastgelegenheit, gleich ausgestattet wie diese hier, nur statt dem See ist eine Spielwiese dabei. Allerdings müssen wir bis dorthin auf dem *Tröglesweg* noch ein paar Meter an Höhe gewinnen. Da bleibt nur die Frage – die allerdings jeder selber beantworten muß – ob sich das wohl besser mit vollem oder doch besser mit leerem Bauch bewerkstelligen läßt?

Wie schon angedeutet, halten wir uns am Treibsee links und steigen auf dem *Tröglesweg* in einigen Kehren und Kurven bergan. Das letzte Stück vor der Schranke ist schon wieder relativ eben und bald darauf auch der erwähnte Rastplatz an der *Trögleshütte* erreicht. Nachdem sich nun bestimmt jeder gestärkt hat – wo auch immer – wandern wir auf dem *Heugehrenweg* links abwärts. Das ist der Weg, der am Rastplatz entlang hinunterführt. Der Schotterweg führt in weit geschwungenen Bögen am Hang entlang und wir brauchen noch etwas Geduld, bis wir zum Bannwald *Steinhäusle* abzweigen können.

Auf dem Weiterweg können wir ja mal überlegen, was man unter einem **Bannwald** überhaupt versteht.

In einem Bannwald gibt es zum Beispiel keine forstwirtschaftliche Nutzung. Alles bleibt sich selbst überlassen, damit sich die Waldvegetation ungestört entwickeln kann. Damit dienen Bannwälder natürlich vorwiegend der Wissenschaft als Freilandlaboratorien. Aber auch den Besuchern sollen sie einen Eindruck von der urwüchsigen, vom Menschen unbeeinflußten Natur vermitteln. Das hört sich ja ganz interessant an.

Endlich sehen wir einen weiteren Schotterweg. Die beiden Wege treffen sich und nach links geht es weiter. In der Mitte der Schleife zweigt ein Steiglein nach links empor. Das ist der Anfang für die Pfadfinder! Für eine „Durchsteigung" des Bannwaldes sollte man sich auf so manche Überraschung gefaßt machen. Mal blockiert ein umgefallener Baum den kaum zu erkennenden Steig, mal kommt man wegen einem Erdrutsch nicht weiter. Natürlich ist bei Wind bzw. Sturm besondere Vorsicht angesagt: abgestorbene Äste können da jederzeit herunterkommen. Und trotzdem lohnt sich die ganze Mühe! Das **Naturschutzgebiet Steinhäusle** ist eine Fels- und Pflanzenwildnis, die dem normalen Besucher ansonsten verborgen bleibt. Bizarre Felsen, darüberwurzelnde Bäume und Wasserfälle ergänzen sich zu einem wildromantischen Erlebnis. Rechts und links gibt es schöne Felsabbrüche, teils mit Wasserfällen. Falsch gehen kann man auch nicht, falls sich deshalb jemand Sorgen machen sollte, nach oben ist im Zweifelsfalle immer richtig. Wenn man nach der tollen und interessanten Felsszenerie immer weiter aufwärts steigt, stößt man auf jeden Fall auf den schon bekannten *Schlittenweg*, der hier zwar nicht mehr geschottert ist, aber noch breit genug ist, um nach der „Wildnis" als Weg erkannt zu werden. Diesem Schlittenweg folgen wir dann nach rechts und treffen noch vor der Straße auf den von unten nach oben verlaufenden schmalen Steig, auf dem wir aufwärts in Richtung *Kaisersbach* – und dann oben links – zum Parkplatz zurückkehren.

Wer sich nicht als „Dschungelheld" beweisen möchte, bleibt weiterhin auf dem geschotterten Weg, auf dem man ebenfalls noch an tollen Felsformationen vorbeikommt. Bald darauf trifft man auf ein kleines Fahrsträßchen. Rechts leuchten schon die ersten Häuser von Bruch herauf. Gleich links zweigt ein schmales Steiglein nach *Kaisersbach* empor, auf dem wir ein paar Mal die in Serpentinen verlaufende Straße überqueren. Ganz oben am Waldrand halten wir uns wiederum nach links und kehren nach einer Rechtskurve zum Ausgangspunkt zurück.

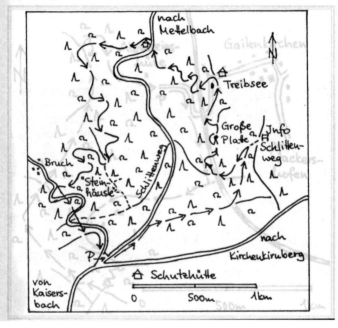

▷ *Wie kommt man zum Parkplatz bei Kaisersbach?*
Von Kaisersbach ortsauswärts in Richtung Gaildorf und Kirchenkirnberg. In einer Rechtskurve links in Richtung Bruch und Mettelbach abzweigen. Gleich nach der Abzweigung befindet sich der Parkplatz.

○ *Weglänge:*   je nach Strecke etwa 7 bis 8 km

Sommerrodelbahn
▷ *Wie kommt man hin?*
Von Kaisersbach in Richtung Gebenweiler, dann links abbiegen. Die Zufahrt zur Rutschbahn ist auch ausgeschildert. Im Winter dient der gleiche Lift als Skilift.

△ *Öffnungszeiten:* Betrieb nur bei trockener Witterung in der
warmen Jahreszeit.

montags bis freitags	nach Bedarf
samstags, sonn- und feiertags	11.00–18.00 Uhr

∞ *Preise:*

Kinder von 8 bis 14 Jahren:	2 Fahrten	DM	3,50
	8 Fahrten	DM	12,00
Personen über 14 Jahre:	1 Fahrt	DM	2,50
	6 Fahrten	DM	12,00
Personen über 8 Jahre mit Kind bis 8 Jahre:	1 Fahrt	DM	3,50
	4 Fahrten	DM	12,00

★ *Auskünfte:*   Telefon 0 71 91/6 30 05 oder 0 71 81/6 25 33

❀ *Was man sonst noch erleben kann:*

Im Schwabenpark Gmeinweiler kann man sich in den Sommermonaten einen ganzen Tag lang vergnügen. Der Erlebnispark übt
besonders auf Kinder magische Anziehungskräfte aus.

▷ *Wie kommt man hin?*

Der Schwabenpark befindet sich in Gmeinweiler zwischen Welzheim und Kaisersbach. Der Weg dorthin ist gut beschildert.

△ *Öffnungszeiten:* Anfang April bis Ende Oktober

täglich	9.00–18.00 Uhr

∞ *Eintritt:*

Erwachsene	DM	20,00
Kinder von 4 bis 14 Jahren	DM	18,00

★ *Auskünfte:*   Telefon 0 71 82/25 26
Fax 0 71 82/62 89

☆ *Einkehrmöglichkeiten:*
in Kaisersbach

☐ *Kartenempfehlung:*
Naturpark Schwäbisch-Fränkischer Wald 1 : 50 000 Landesvermessungsamt Baden-Württemberg

Im Tal und auf der Höh'!

Von der Menzlesmühle zum Hagbergturm

Im Schwäbischen Wald gibt es viele schöne Mühlen und Aussichtstürme. Eine besonders alte Mühle ist die *Menzlesmühle* und ein besonders markanter Aussichtsturm ist der *Hagbergturm.* Bei unserer Rundtour lernen wir beide kennen.

Wir starten am Parkplatz bei der *Heinlesmühle. Der rote Balken auf weißem Grund* mit dem *grünen Baumsymbol* des Wanderweges Baden-Württemberg führt uns aufwärts durch das Tal der Schwarzen Rot. Wir wandern hier auch auf einem Teilstück des *Mühlenwanderweges,* der mit einer Länge von 32 Kilometern Welzheim umrundet. Gekennzeichnet ist er mit einem *gelb-schwarzen Symbol* eines *Mühlrades* und dem Zusatz *1.*

Wir beginnen unsere Wanderung auf dem geteerten *Hellersbühlweg* und kommen nach wenigen Schritten an einem Fischteich vorbei. Rechts von uns blühen die verschiedensten Blumen auf der Wiese, die man andernorts nur noch selten findet. Wenig später weisen uns die Wegmarkierungen nach rechts auf einen kleinen Pfad, der direkt an der Rot entlang weiterführt. Auf dem idyllischen Weg – das Schilf zeigt an, daß es hier auch wohl des öfteren recht feucht ist – bleiben wir immer am Bach entlang. Teilweise sieht man noch Sand im Gras – den lädt das Hochwasser nach starken Regen oder bei der Schneeschmelze dort ab. Wir sehen schon die *Hundsberger Sägmühle,* die früher ebenfalls von einem Wasserrad angetrieben wurde, das man heute noch sehen kann. Der Betrieb läuft hier jedoch inzwischen mit modernen Maschinen.

Geradeaus ist schon die *Menzlesmühle* zu erkennen. Nach der *Hundsberger Sägmühle* halten wir uns den Zeichen folgend nach links über eine Wiese, die häufig recht feucht ist, und betreten dann den Wald. Ein paar Schritte nur bergauf, dann wandern wir auf dem geschotterten Weg nach rechts weiter. Eine weit ausladende Schleife nach links können die Kinder ja durch den Wald geradeaus abkürzen, solange die Erwachsenen sie auswandern. „Erster sein" ist immer toll! Wenig später kommen wir aus dem Wald heraus. Wir gelangen vor der Menzlesmühle auf eine wenig befahrene Straße, der wir nach rechts bis zur Mühle hin folgen. Die **Menzlesmühle** zählt zu den ältesten Mühlen im Welzheimer Wald. Vom 14. bis zum 17. Jahrhundert hieß sie Cronmühle, 1721 wurde sie ein Raub der Flammen. Seit 1860 wurden in der kombinierten Mahl- und Sägemühle drei oberschlächtige Mühlräder und ein unterschlächtiges Wasserrad im

Es klappert die Mühle am rauschenden Bach

Sägewerk angetrieben. Ein oberschlächtiges Wasserrad hat die Was-
serzuführung von oben, ein unterschlächtiges dagegen von unten.
Damit auch immer genügend Wasser für den Antrieb vorhanden
war, hatte die Menzlesmühle zwei Kanäle, die von zwei verschiedenen Bächen gespeist wurden.

Der *rote Balken* und der *grüne Baum* des Wanderweges Baden-
Württemberg führen uns hinter den Gebäuden nach links direkt an

einem riesigen alten Mühlrad vorbei. Beim Weitergehen erkennen wir rechts den alten Mühlkanal, den man bis zur Einmündung in den Bach gut verfolgen kann. Über eine Wiese, die wiederum recht oft feucht ist, geht es weiter. Kurz wandern wir durch ein kleines Wäldchen hindurch, ehe wir auf die nächste Wiese gelangen.

Am nächsten Waldanfang kommen wir auf einen Schotterweg, dem wir immer geradeaus folgen. Auf der rechten Seite liegt ein kleiner See, das Gebäude rechts ist ebenfalls eine ehemalige Öl- und Sägemühle. Kurz danach erreichen wir geradeaus ein Sträßchen. Rechts über die Brücke hinweg und gleich danach links geht's langsam den Berg hinauf und dann zwischen den Häusern des *Brandhofes* hindurch – jetzt merkt man, daß wir zu einem Aussichtsturm steigen wollen. An der nächsten Kreuzung halten wir uns rechts, marschieren am Haus Nr. 14 vorbei, um dann links die letzte „Bergetappe" in Angriff zu nehmen. Zwei Bänke mit schöner Aussicht über den Schwäbischen Wald lassen erahnen, welch tollen Blick man erst von ganz oben haben wird. Das allerletzte Stück wandern wir über Weiden und Wiesen aufwärts, die Häuser, die man sieht, gehören schon zum *Haghof.* Wer kann den Turm schon sehen? Ganz klar, zuerst links und dann nochmals rechts – so läßt sich auch bei dichtestem Nebel der Turm nicht verfehlen!

Der **Hagbergturm** steht auf 585 Metern Höhe und bei guter Wetterlage hat man einen weiten Rundumblick.

Viel Platz gibt's auf der umlaufenden Sitzbank rund um den Turm. Eine Tafel des Wanderwegs Baden-Württemberg zeigt Ziele für Unentwegte: Lörrach 383 km, Wertheim 160 km!

Auf dem Rückweg folgen wir dem Wanderweg Baden-Württemberg Richtung Lorch – so wie wir hergekommen sind. Der *blaue Balken* führt uns durch den *Haghof* hindurch und dann rechts abwärts. Gleich darauf wählen wir den linken Weg und schauen immer aufmerksam nach unserem Zeichen. Quer durch den Wald geht es abwärts. Unten erreichen wir ein kleines Teersträßchen, auf dem wir nach links bis zum Ortsanfang von *Dinglesmad* bleiben. Über die Straße hinüber und nach links in den Wald hinein führt uns unser Weg. Gleich darauf steigen wir rechts einen kleinen Hohlweg hoch. Oben wird es schon heller und an der nächsten Kreuzung sehen wir dann die neue Markierung. Geradeaus über den Schotterweg hinweg folgen wir dem Weg mit dem *roten Punkt* in Richtung *Menzlesmühle*. Unser *roter-Punkt-Weg* zweigt nach einer Weile rechts ab und über schmale Pfade und eine kleine Brücke hinweg kommen wir zu einem weiteren Waldweg. Dieser mündet wenig später in eine Straße ein. Links und gleich wieder die Straße verlassend nach rechts – über Felder wandern wir auf das nächste Waldstück zu. Dort zuerst nach rechts und dann geht es deutlich bergab bis zu einer Straße. Wer kennt sich aus? Ja, dort drüben ist die Menzlesmühle und hier waren wir heute schon einmal. Nun ist der größte Teil des Rückwegs geschafft! Der *rote Balken* und der *grüne Baum* des Wanderweges Baden-Württemberg zeigen uns auf der gleichen Strecke wie auf dem Hinweg den sicheren Weg zum Parkplatz zurück.

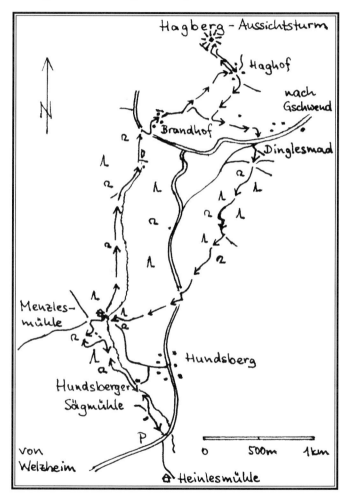

▷ *Wie kommt man zum Parkplatz bei der Heinlesmühle?*
Der Parkplatz liegt zwischen Welzheim und Gschwend. Von Welzheim über Schadberg und Hellershof. Dann geradeaus über Neuwirtshaus weiter, bis links der Wanderparkplatz ausgeschildert ist.

Der Start ist auch von der Menzlesmühle aus möglich, leider gibt es dort nur wenige Parkmöglichkeiten. Zufahrt ebenfalls über Hellershof, dann links weiter nach Cronhütte und rechts zur Menzlesmühle hinunter.

○ *Weglänge:*
ab Parkplatz Heinlesmühle 11 km
ab Menzlesmühle 8 km

Hagbergturm (Schwäbischer Albverein)

△ *Öffnungszeiten:* Ostern bis Ende Oktober
                     sonn- und feiertags   9.30–18.00 Uhr
in der übrigen Zeit: Schlüssel bei Hans Frank, mechanische Werkstatt, Wasserhof (Ortschaft östlich des Turms)
Telefon 0 79 72/2 89

∞ *Eintritt:*   Erwachsene   DM 1,00
                   Kinder   DM 0,50

❀ *Sehenswertes:*
Ein Abstecher zur Heinlesmühle (in 5 Minuten zu Fuß vom Parkplatz erreichbar) ist lohnend. Das idyllisch gelegene Anwesen ist ebenfalls eine kombinierte Mahl- und Sägemühle. Leider kann sie zur Zeit nicht in Betrieb genommen werden, aber eine Restaurierung ist in den nächsten Jahren vorgesehen.

❀ *Hinweis:*
Seit 1994 findet alljährlich am Pfingstmontag ein sogenannter **Mühlentag** statt. Viele Mühlen des Schwäbischen Waldes haben an diesem Tag geöffnet und zeigen den interessierten Besuchern die Arbeitsweisen der unterschiedlichen Mühlenarten wie Säge-, Öl- und Getreidemühle. Auf unserer Tour betrifft das einmal die modern arbeitende Hundsberger Sägemühle, die Menzlesmühle, die Brandhöfer Öl- und Sägemühle sowie die Heinlesmühle.
Hoffen wir, daß dieser Mühlentag auch weiterhin durchgeführt wird! Die enormen Besucherzahlen zeigen an, daß das Interesse an dem „Handwerk von gestern" wirklich vorhanden ist.

☆ *Einkehrmöglichkeiten:*
Gasthäuser in Hundsberg und Neuwirtshaus

▢ *Kartenempfehlung:*
Naturpark Schwäbisch-Fränkischer Wald 1 : 50 000 Landesvermessungsamt Baden-Württemberg

Auf steinigen Pfaden in und um Winnenden

Stadtrundgang und Geologischer Pfad

Winnenden liegt am Fuße des Schwäbischen Waldes und ist bequem mit öffentlichen Verkehrsmitteln zu erreichen (S-Bahn- und Eilzugstation). Daher starten wir bei diesem Ausflugstip am Bahnhof. Bei einem Stadtrundgang wollen wir zuerst die Stadt Winnenden kennenlernen. Aber wer ist schon gerne nur in einer Ortschaft unterwegs? Daher unternehmen wir anschließend noch eine kleine Tour auf den Roßberg und zum Haselstein.

Wir gehen geradeaus in die „Kornbeckstraße", ihr Beginn ist gut erkennbar an dem großen Postgebäude. Die Straße ist nach dem bekannten Landschaftsmaler Julius Kornbeck (1839–1920) benannt, der in Winnenden geboren wurde. Weiter geradeaus verschmälert sich die Straße zu einem Fußweg und wir sehen rechts die *Kastenschule* von hinten. In ihr befindet sich – allerdings ist der Eingang auf der Vorderseite – das **Feuerwehrmuseum** der Freiwilligen Feuerwehr Winnenden. Wer Interesse an historischen Feuerwehrfahrzeugen und allerlei Ausrüstungsgegenständen von anno dazumal hat, ist hier genau richtig. Etwa hundertfünfzig Jahre Feuerwehrgeschichte werden auf abwechslungsreiche Art und Weise dokumentiert, z. B. gibt es Eimer aus Leder dort zu sehen. Sehr interessant ist auch der Videofilm, auf dem die historischen Geräte „im Einsatz" zu sehen sind.

Mit oder ohne Museumsbesuch gehen wir nun geradeaus weiter und durch die Fußgängerunterführung hindurch. Auf der „Marktstraße" – wir sind nun in einer Fußgängerzone – kommen wir auf das **Schwaikheimer Tor** zu. Bis zur Spitze ist der Schwaikheimer Torturm fast 35 Meter hoch. Winnenden war früher ringsum von einer Stadtmauer umgeben, nur durch Tore konnte man in die Stadt gelangen. Heute befindet sich in den Historischen Turmstuben des Torturms das **Städtische Museum**. Ein ehemaliges Ortsgefängnis kann dort ebenfalls besichtigt werden. Die oberen Stockwerke wurden in früherer Zeit von einem Turmwächter bewohnt.

Nun sind wir also erst richtig in Winnenden. Geradeaus bleiben wir auf der „Marktstraße". Das Haus Nr. 24 auf der rechten Seite ist das sogenannte *Storchenhaus.* Der *Storchenkeller* in diesem Haus ist in Winnenden und Umgebung gut bekannt, da hier kulturelle Veranstaltungen aller Art stattfinden. Der Name für dieses Haus mit der schönen Fassade leitet sich tatsächlich von Störchen ab, die hier auf

Der Diebesturm in Winnenden

dem Dach bis in die 20er Jahre regelmäßig gebrütet haben. Die Fassade wurde vom Winnendener Baumeister Johann Adam Groß I. (1697–1757) gestaltet. Ihm bzw. seinen Werken werden wir bei unserem Rundgang nochmals begegnen.

Ein Stück weiter und wir sehen links das *Alte Rathaus* und den *Marktbrunnen* mit der Justitia als Brunnenfigur. Winnenden wurde 1693 fast gänzlich durch einen Brand zerstört. Auch das Rathaus stammt daher aus der Zeit des nachfolgenden Wiederaufbaus. Damals befand sich noch das Kornhaus im Erdgeschoß des Gebäudes. Heute ist in diesem Gebäude die Volkshochschule und das Stadtarchiv untergebracht. Das neue Rathaus lernen wir später noch kennen. Wir wenden uns links in die „Mühltorstraße". Aha, das klingt doch so, als ob wir noch zu einem Stadttor kommen würden. Leider gibt es dieses Tor schon lange nicht mehr, aber da, wo die Häuser so eng beieinanderstehen, da muß es gewesen sein. Geradeaus befand sich die ehemalige Stadtmühle, die heute als Jugendhaus genutzt wird.

Wir wenden uns nach rechts in die „Brunnengasse" und können ein besonders gut erhaltenes Stück der *Stadtmauer* bestaunen. Auch der überdachte Wehrgang macht viel Eindruck. Eine an der Stadtmauer angebrachte Gedenktafel erinnert an Johann Gottlieb Christaller, der *„in einem Hause, das gegenüber dieser Stelle stand",* 1827 geboren wurde. Der Mann hatte einen für diese Zeit abwechslungsreichen Lebensweg: er war Missionar an der Goldküste in Afrika, Sprachforscher und Bibelübersetzer.

Nun schlendern wir durch die „Lammgasse" nach rechts weiter. In der „Marktstraße", auf der wir wieder ankommen, sehen wir gegenüber das Haus des Winnendener Baumeisters Johann Adam Groß I., das er Mitte des 18. Jahrhunderts selbst erbaut und bewohnt hatte. Seine Initialen JAG können wir über dem Portal noch schwach erkennen, sein Meisterzeichen sehen wir ganz oben unter dem mittleren Fenster. Geradeaus kommen wir wieder zum *Marktplatz* zurück. Links biegen wir in die enge „Schloßstraße" ein, aber gleich wird es noch enger. Nach rechts müssen wir uns ein kleines schmales Gäßchen suchen, ja, so eng wurde in den Städten früher gebaut!

Nun stehen wir vor dem jetzigen *Rathaus* der Stadt Winnenden. Rechts plätschert ein kleiner Brunnen, wir überqueren den Platz und kommen nach links zum **Diebesturm**. Schon haben wir wieder die Stadtmauer erreicht. Hier sind wir also schon wieder fast aus dem alten Winnenden „draußen", denn der Turm stand an der Südwestecke der Stadtmauer. Seinen Namen hat er wohl noch aus der Zeit, in der er als Gefängnis diente. Die heutige hübsch gestaltete Anlage ist natürlich neueren Datums. Der Winnendener Künstler Martin Kirstein schuf 1982 den neuen „Dieb".

Aber nun wird es langsam Zeit für eine Pause. Entweder wir entspannen uns ein Weilchen beim „Dieb" oder wir gehen noch ein paar Schritte zum kleinen Spielplatz hinter der *Alten Oberschule* weiter. Nach links und an der Fußgängerampel überqueren wir die Straße.

Die ehemalige *Latein- und Realschule* am Eck läßt sich auch von „hinten" noch gut betrachten, denn der Nachwuchs schenkt nun sicher etwas ganz anderem mehr Aufmerksamkeit. Ein paar moderne Spielgeräte sind nach so viel „altem Gemäuer" sicherlich willkommen. Und wer bisher tapfer durchgehalten hat, hat eine Rast auch wirklich verdient.

Warum heißt wohl die Straße, in der wir uns (wieder) befinden, „Schloßstraße"? Ob es da wirklich zu einem Schloß geht? Ja, tatsächlich, das Anwesen wurde um 1500 vom Deutschen Ritterorden erbaut und 1665 an einen württembergischen Herzog verkauft. Der bekannteste Winnendener Schloßherr war Herzog Carl Alexander. An ihn und seinen treuen Mops erinnert heute noch ein Gedenkstein, ein Hundegrabmal, das rechts vom Eingang im Buschwerk aufgestellt worden ist. Dazu gibt es eine nette Geschichte:

„Ein kleiner Mopshund wohlgeboren,
der hatte seinen Herrn verloren –
vor Belgrad war's, im Türkenkrieg,
als Prinz Eugen behielt den Sieg.
In Kriegsgeschrei und Pulverdampf,
in Roßgewieher und -gestampf
da sahn sie plötzlich sich nicht mehr.
Der Mops lief ratlos hin und her,
hat viel geschnuppert und gebellt!
Längst saß sein Herr im Feldherrnzelt
mit den andern Generälen;
die konnten alle viel erzählen,
von sich und ihren Heldentaten
und von denen der Soldaten.
Daß einen Mopshund er besessen,
das hat er leider ganz vergessen.
Der hat sich aber bald besonnen
und nach Haus den Weg genommen.
Elf Tage lang ist er gerannt,
von Belgrad heim ins Schwabenland!
Wie hat im Schloß man ihn begrüßt,
gestreichelt und ihn abgeküßt!
Die Köchin hat ihm hingestellt
das beste Futter von der Welt!
Ein Denkmal hat man auch errichtet,
drauf einen schönen Spruch gedichtet,
in Stein gehauen – nicht aus Holz –
und alle waren auf ihn stolz."

Es gibt wohl nun niemanden mehr, der den steinernen Mops nicht besuchen möchte. Ganz kurz noch die weitere Geschichte des Schlosses: Etwa hundert Jahre nach dem Ableben des Mopses wurde das Schloß an die Staatsfinanzverwaltung verkauft. Es wurde umgebaut und dann als Königliche Heilanstalt Winnenthal eröffnet. Inzwischen ist daraus, mit vielen Erweiterungen, das Psychiatrische Landeskrankenhaus Winnenden (PLK) geworden.

Wie finden wir nun zum **Gedenkstein des tapferen Mopses**? Auf der „Schloßstraße" immer geradeaus weiter. Bald sehen wir schon das große gelbe Gebäude. Durch die Pforte hindurch und gleich rechts in den Büschen sehen wir den Gedenkstein aus dem Jahre 1733 mit dem Mops darauf. Wir können auch durch den Torbogen hindurch gehen und einen Blick auf den Park und den *Monumentalbrunnen* im Innenhof werfen.

Durch die Pforte zurück, dann wenden wir uns nach links. Der Weg führt uns an der Schloßkirche St. Jakobus vorbei. In der Kirche kann man einen prachtvollen, geschnitzten Altar bewundern. Winnenden, so vermutet man, war eine Station auf dem *Jakobsweg*, einem alten Pilgerweg, der bis nach *Santiago de Compostela* in Spanien führte. Am Zipfelbach entlang wandern wir nun links in Richtung Sportanlagen weiter. Wir haben hier sogar ein Wanderzeichen, einen *blauen Punkt*, dem wir uns anvertrauen können. Immer geradeaus, über einen Querweg hinweg, an einem Hochspannungsmasten vorbei, dann links über den Holzsteg. Links befindet sich die Gaststätte des SV Winnenden (montags Ruhetag) mit Gartenwirtschaft. Nach links am *Karl-Krämer-Haus* vorbei und danach wieder rechts genau unter der Hochspannungsleitung kommen wir an einem weiteren *Spielplatz* mit vielen Spielgeräten sicher nicht ohne Aufenthalt vorbei. Weiterhin geradeaus, über den Parkplatz des Stadions hinweg und auf dem Weg gegenüber hinauf. Oben sehen wir Weinberge und den Ausgangspunkt des Geologischen Lehrpfades. Auf einer Informationstafel wird der **Geologische Lehrpfad** *„Rund um den Haselstein"* vorgestellt. Sehr anschaulich wird auf dem Rundweg „der Boden unter unseren Füßen" erläutert. Verschiedene Aufschlüsse zeigen ganz deutlich an, woraus der Untergrund hier in der Gegend und damit auch im Schwäbischen Wald besteht. Je nach Höhenlage ändert sich nämlich die Bodenart. Was kann man unter einem *Aufschluß* verstehen? Bei einem Aufschluß wird das Gelände tatsächlich wie bei einer Türe aufgeschlossen und man kann einen Blick in das „Innere" der Erde werfen. Klar, daß man dabei das Gestein am besten mit den Händen be-greifen lernt. Solche Aufschlüsse sind wirklich „aufschlußreich"!

In „erdgeschichtlichen Zeiträumen" zu denken, ist für uns Menschen normalerweise nicht einfach. In der ausführlichen Beschrei-

bung des *Geologischen Lehrpfades,* die auf dem Rathaus in Winnenden erhältlich ist, wird die Erdgeschichte anschaulich mit einem Jah-
reslauf verglichen. Nehmen wir einmal an, in der Neujahrsnacht um
0 Uhr hat sich die Oberfläche der Erde erkaltet. In den Monaten
April, Mai und Juni ereignete sich das Wunder des ersten Lebens: die
Einzeller, die allerersten Algen entstanden. In den Monaten Juli und
August haben sich die Pflanzen entwickelt und für sich einen neuen
Lebensraum erobert. Um den ersten September hat es die ersten Na-
delbäume gegeben. Unsere Keuperlandschaft, zu der der Schwäbische
Wald gehört, wurde in zwei Tagen, am 15. und 16. Oktober vom
Schaufelbagger der Erdgeschichte aufgefüllt, also rund hundertfünfzig Meter Höhe am Tag! Um den ersten November herum hat es den
ersten Laubbaum gegeben, zwei Monate nach dem ersten Nadel-
baum. Erst am 1. Dezember beginnt bei dieser Zeitrechnung die Zeit
der Säugetiere. Und seit wann gibt es denn den Menschen? Noch
dauert es eine Weile! Erst am Silvesterabend erscheint der Mensch im
Ablauf dieses erdgeschichtlichen Jahres. Und unser eigenes Leben –
selbst, wenn wir hundert Jahre alt werden sollten – beträgt nur einen
ganz kleinen Bruchteil vom letzten Glockenschlag um Mitternacht.
Die Zeiträume der Erdgeschichte bewegen sich also in ganz anderen
Zeiträumen, als wir sonst zu denken und zu überschauen gewohnt
sind!

Unterhalb der *Weinberge* steigen wir in Richtung *Brücke* über die
Südumgehung von Winnenden aufwärts. Gleich zu Beginn lernen
wir den *Gipskeuper* kennen. In Südlagen werden im Gebiet des Gips-
keupers gerne Weinberge angelegt, Nordhänge dagegen werden als
Obstbaumwiesen genutzt.

Was ist denn das für eine „Dusche", die wir rechts sehen können?
Ja, mit Wasser hat es schon zu tun, denn für die Bewässerung der
Weinberge ist diese Einrichtung gebaut worden.

Rechts über die Brücke hinweg und geradeaus die „Alte Breuningsweiler Straße" hinauf. Bald haben wir den ersten interessanten
Aufschluß erreicht. Hier ist der Übergang vom *Gipskeuper* zum
Schilfsandstein an einer Kante gut zu erkennen. Der Schilfsandstein
ist ein bröseliges Gestein, das läßt sich mit den Händen überprüfen.
Wer möchte, nimmt ein kleines Stückchen davon mit als Vergleich
zum *Kieselsandstein,* den wir auf dem *Kleinen Roßberg* sehen werden.
Weiter aufwärts kommen wir – kurz einen kleinen Abstecher nach
links – zu einem kleinen aufgelassenen Steinbruch. Hier kann man
unterschiedliche Schichten sehen: die untere ist noch ziemlich gut erhalten, die oberen sind durch Frost und Eis gespalten und vom Wur-
zelwerk der Pflanzen gesprengt: ganz typisch für eine Verwitterung.
Da der Schilfsandstein nicht besonders hart ist, war er ein beliebter

Werkstein für Mauern aller Art und den Hausbau. Auch die Fassade des vorhin gesehenen „Storchenhauses" besteht aus diesem Sandstein. Als Bildhauerstein war er gleichermaßen geeignet, Beispiele hierfür sind die Justitia auf dem Marktbrunnen und das Denkmal des Mopses.

Weiter geht's auf dem Lehrpfad aufwärts. Der kleine Berg, der vor uns liegt, das ist unser nächstes Ziel. Den *Kleinen Roßberg* erklimmen wir nach links über ein paar Stufen. Außer einer herrlichen Aussicht auf Winnenden und auf die Zeugenberge *Lemberg* und *Wunnenstein* erwartet uns auch eine Orientierungstafel des Schwäbischen Albvereins und natürlich eine weitere Station des geologischen Lehrpfades. Nun zuerst zum *Lemberg* und zum *Wunnenstein.* Warum nennt man sie *Zeugenberge?* Diese Berge (der Hohe Asperg und der Weinsberg gehören auch dazu, sind aber von hier aus nicht zu sehen) bezeugen, daß die erdgeschichtliche Formation des Keupers einst auch dort bestand. Das Schichtmaterial dieser Berge ist genau dasselbe wie hier.

Aber nun zum *Kieselsandstein,* den man hier ebenfalls an einer Kante befühlen kann. Er ist grobkörnig und viel härter als der vorhin begriffene Schilfsandstein.

Die Stufen wieder hinunter und nach links weiter. Dann immer geradeaus dauert es eine Weile bis zur nächsten Tafel. Links sieht man die *Mülldeponie,* geradeaus reicht der Blick bis zum *Fernsehturm* von Stuttgart. An der Gabelung am Waldrand mit Brunnen nehmen wir den rechten Weg am Waldrand entlang. Rechts abwärts kommen wir erst zur nächsten Tafel, die uns auf den *Hanweiler Sattel* gegenüber hinweist. Aus einem Schilfsandsteinbruch bei Hanweiler wurde um 1870 Steinmaterial für ein neues Postgebäude in Stuttgart bezogen. In einem schon zugehauenen Gesimsstein wurde durch Zufall eine Versteinerung eines etwa ein Meter langen Lurches – eines Metoposaurus – gefunden, der unter dem Namen „Hanweiler Frosch" bekannt wurde. Der Hanweiler Sattel gegenüber von uns war früher die Sohle eines Flußbettes. Nach der Breite des Sattels zu urteilen, war es schon ein breiter Fluß. Die Geologie ist wirklich voller Überraschungen! Nach links haben wir nun fast die Höhe des Stubensandsteins erreicht! Die Ortschaft vor uns ist *Breuningsweiler,* der Weg wird nun auch ebener. Felsen zeigen den ehemaligen *Steinbruch Haselstein* an. Leider besteht im Moment ein Betretungsverbot, früher waren hier Kletterer zugange und eine tolle Rast- und Grillstelle verlockte zu einer Pause. Interessant ist der Baum beim Schild 14. Der Stamm ist auffällig „verbogen". Das deutet auf einen unruhigen und weichen Untergrund hin!

Beim Waldparkplatz *Haselstein* treffen wir auf den *mittleren Stubensandstein.* Der lose Sand in dieser Schicht wurde früher in Gruben und Brüchen abgebaut und in die Städte zur Reinigung der damals meist noch hölzernen Treppen, Stubenböden und Küchengeräten verkauft. Daher hat er auch seinen Namen erhalten. Kennt noch jemand den „Sandmann", der mit seinem Einspänner durch die Ortschaften zog? Selbst die Vorstellung fällt heute schon schwer genug! Aber die Entsorgung des damaligen Putzmittels war garantiert umweltfreundlich! Als nächste Schicht käme nun der *Höhlensandstein,* dem wir diese tollen Grotten und Hohlen Steine im Schwäbischen Wald zu verdanken haben. Hier kommt er jedoch nicht vor. Wir halten uns links abwärts auf der *Alten Breuningsweiler Straße.* Ein letzter Aufschluß zeigt uns die *Oberen Bunten Mergel* und einen *Quellhorizont.* Was ist denn nun das? Das Regenwasser versickert in der Erde. Durch Spalten und Klüfte sucht es sich weiter seinen Weg tiefer in den Boden hinein. Auf einmal trifft das Wasser auf eine Schicht, die so dicht ist wie eine Plastiktüte (das können sich die Kinder gut vorstellen – wasserundurchlässig wäre der Fachbegriff). Auf dieser Schicht (hier sind es die *Oberen Bunten Mergel,* aber auch der *Gipskeuper* ist wasserundurchlässig) rinnt das Wasser entlang, bis es als Quelle ins Freie tritt. Die Quellen aus dieser Schicht waren lange Zeit die Hauptwasserversorgung von vielen Ortschaften hier in der Gegend. Abwärts kommen wir auf der gleichen Strecke wieder zu den Weinbergen hinunter. Nach rechts auf der „Breuningsweiler Straße" und dann auf der „Albertviller Straße" nach rechts und immer weiter geradeaus kehren wir zur Stadtmitte von Winnenden zurück. Wir betreten nach links das alte Winnenden nun an der Stelle, an der früher das vierte Stadttor gestanden hatte. Vom Tor selber ist heute nichts mehr zu sehen. Durch die Fußgängerzone hindurch – hier laden Eiscafés und Restaurants zu einem gemütlichen Ausklang ein – und immer weiter geradeaus finden wir zum Bahnhof zurück.

▷ *Wie kommt man nach Winnenden?*
  Winnenden ist mit der S-Bahn S3 aus Stuttgart und Backnang auch am Wochenende gut zu erreichen. Mit der Netzkarte können nen bis zu vier Erwachsene preisgünstig aus dem ganzen VVS-Gebiet anreisen. Zwei Kinder von 6 bis 11 Jahren zählen dabei als ein Erwachsener. Die S-Bahnen verkehren zu normalen Tageszeiten alle halbe Stunde. Parkmöglichkeiten für die Anreise mit dem PKW bestehen ebenfalls am Bahnhof.

○ *Länge der Wanderung:*   8,5 km

Feuerwehrmuseum:

△ *Öffnungszeiten:* sonntags   10.00–12.00 Uhr
                  oder nach Voranmeldung

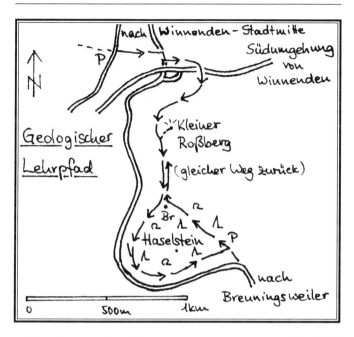

∞ *Eintritt:*	Erwachsene	DM 2,00
	Kinder bis 14 Jahre	DM 1,00

★ *Auskünfte:*   Telefon 0 71 95/1 32 52
(Feuerwache Winnenden)
oder
Telefon 0 71 95/80 61
(Stadtbrandmeister Pflüger)

Städtisches Museum:

△ *Öffnungszeiten:* sonntags   10.00–12.00 Uhr
in der Regel von April bis Oktober geöffnet und
nach Vereinbarung

∞ *Eintritt:*   frei

★ *Auskünfte:*   Telefon 0 71 95/13-211

❀ *Hinweis:*
Die Geschichte des Mops von Winnenden ist dem Prospekt des
Psychiatrischen Landeskrankenhauses Winnenden entnommen.

Die Angaben zum Geologischen Lehrpfad sind teilweise dem
Pfadbegleiter „Rund um den Haselstein", herausgegeben von der
Stadt Winnenden, entnommen.

Variante:
Der Geologische Lehrpfad ist über Breuningsweiler und weiter
nach Buoch und Grunbach (S-Bahn-Station S2) erweitert worden.

❀ *Tip:*
Wer nur Interesse am Geologischen Lehrpfad hat, kann am Parkplatz beim Stadion parken, der sich ortsauswärts in Richtung
Hanweiler auf der rechten Straßenseite befindet. Gegenüber geht
es den Weg hinauf. Zum Spielplatz sind es von hier aus nur wenige Meter nach links (unter der Hochspannungsleitung).

☆ *Einkehrmöglichkeiten:*
in Winnenden

▭ *Kartenempfehlung:*
Naturpark Schwäbisch-Fränkischer Wald 1 : 50 000 Landesvermessungsamt Baden-Württemberg

Was haben Hornissen mit Rettichen zu tun? ❷❶

Beim Königsbronnhof unterwegs

Diese Wanderung ist in der Länge beliebig veränderbar. Das bedeutet, die hier vorgestellte Runde von etwa sieben Kilometern Länge kann nach den jeweiligen Bedürfnissen erweitert oder auch abgekürzt werden. Im ganzen Königsbronner Wald gibt es zahlreiche Wege, die man mit einem Blick auf die Wanderkarte nach Belieben zusammenstellen kann.

Ausgangspunkt ist der Parkplatz nahe der „Rettichkreuzung". Die „Rettichkreuzung" hat den Namen daher erhalten, weil dort ein Gemüsestand fast ganzjährig Produkte aus vorwiegend eigenem Anbau zum Verkauf anbietet. Vom Parkplatz wandern wir auf dem geschotterten Weg – der Markierung *blauer Balken auf weißem Grund* nach – geradeaus los. Schon bald kommen wir an eine Gabelung, wir folgen links unserem Zeichen. Schön eben gelangen wir an eine Kreuzung, an der wir rechts den *Königstein* sehen. Der Schwäbische Wald war früher ein beliebtes Jagdgebiet, selbst König Wilhelm I. (1797–1888) soll hier eine Jagd abgehalten haben. Zur Erinnerung an diesen Tag wurde 1841 ein Gedenkstein an diese Wegkreuzung gesetzt.

Wir halten uns rechts der Markierung nach in Richtung *Rettersburg* und *Necklinsberg*. Der lichte Wald gibt bald darauf einen schönen Blick hinunter ins Wieslauftal frei. Das *Pflästerlessträßle*, auf das wir als nächstes stoßen, war ein Teil einer mittelalterlichen Verkehrsverbindung, die von Schwäbisch Hall nach Waiblingen führte. Sie diente hauptsächlich dem Salzhandel. Unsere Richtung bleibt Rettersburg, wir verlassen hier den Weg mit dem Zeichen *blauer Balken* und wandern auf dem *Rudersberger Sträßle* weiter.

Im Frühjahr kann man hier im hellen Laubwald das Wandern richtig genießen: Vögel hört man zwitschern, das frische helle Grün der Blätter erfreut die Augen und immer wieder hallt das Klopfen eines Spechts durch den Wald. Die nächste Kreuzung überqueren wir und wandern geradeaus weiter. Wer hat Angst vor wilden Tieren? An der nun folgenden Kreuzung hängt rechts ein großer Kasten an einem Baum. Für wen der wohl gedacht ist? Eine Aufschrift gibt Auskunft: Hornissen-Nistkasten. Wer Hornissen hört, bekommt bestimmt erst einmal einen großen Schrecken, aber keine Angst, die riesigen Insekten sind keine „Killer"-Bienen, die es nur darauf anle-

Da nisten die Hornissen

gen, vorbeikommende Wanderer zu pisaken. Sie wollen im allgemeinen überhaupt nichts von einem, höchstens ihre Ruhe. Aber das ist für uns hoffentlich selbstverständlich!

Geradeaus auf dem kleinen Weg und auf der Spur immer geradeaus weiter kommen wir abwärts. Verkehrt machen kann man nichts, wir stoßen auf jeden Fall wieder auf einen Schotterweg (*Steinbruchsträßle*), dem wir nach rechts folgen. Beim Weitergehen können wir die Häuser des Königsbronnhofes weiter oben erkennen. Wir wandern um eine U-förmige Schleife herum und haben nun nach links einen schönen Blick auf Öschelbronn. Gemächlich zieht der Weg nun langsam abwärts. Links im Tal unten können wir noch einen Weg erkennen, die beiden führen allmählich aufeinander zu.

An der Kreuzung angelangt – übrigens kann man vom Parkplatz über das *Neuwiessträßle* hierher auf kürzestem Weg gelangen – müssen wir unseren weiteren Weg „suchen" (Tip: er zweigt zum Bach hinunter ab). Nur ein schmaler Trampelpfad führt durchs Gebüsch hindurch über ein kleines Holzbrückle hinweg und immer geradeaus, nun langsam wieder bergauf. Ab nun können wir uns ärgern oder aber auch schon freuen. Ärgern deshalb, weil es ein wenig bergauf geht, aber freuen können wir uns sogar doppelt: einmal, weil unser Spiel-, Rast- und Grillplatz nun gar nicht mehr weit weg ist und dann gleich nochmal, weil der restliche Heimweg ein interessanter Schleichpfad mit zwei ganz tollen Brüken ist. Ehe wir ganz oben sind, haben wir eine schöne Aussicht ins Zipfelbach- und Buchenbachtal sowie auf die Berglen. Oben angelangt, treffen wir auf einen Schotterweg. Kurz auf dem Weg nach links und gleich danach rechts auf das *Blockhaussträßle* abzweigen. Mit wenigen Schritten erreichen wir nun den schon angekündigten Rast-, Spiel- und Grillplatz. Hier läßt es sich bestimmt eine Weile aushalten!

Frisch gestärkt geht es dann weiter. Für den Heimweg wählen wir nach dem Rastplatz die untere der beiden Möglichkeiten und auf dem schmalen Steig kommen wir gleich an die erste Brücke: Sie überspannt einen kleinen Bach in einer engen Klinge wie ein altes Eisenbahnviadukt! Das Weglein bleibt fast immer auf der gleichen Höhe im Wald unterhalb des Königsbronnhofes. Ganz zum Schluß künden ein paar Stufen nochmals eine tolle hohe Holzbrücke über eine Schlucht an. Wenig später haben wir unsere Runde schon fast geschlossen. Wir treffen auf eine Kreuzung und nach links auf dem geschotterten Waldweg (*Neuwiessträßle*) kehren wir zum Parkplatz zurück. Und was sehen wir auf den letzten Metern unserer Wanderung? Noch einen Hornissen-Nistkasten!

▷ *Wie kommt man zum Parkplatz bei der Rettichkreuzung?*
„Rettichkreuzung" nennt man die Kreuzung der Straße zwischen Backnang und Rudersberg mit der Straße von Winnenden nach Althütte.
Von Backnang kommend fährt man über Allmersbach im Tal weiter in Richtung Rudersberg. Über die Rettichkreuzung hinweg und geradeaus weiter, bis der Wanderparkplatz auf der rechten Seite in einer Kurve ausgeschildert ist.

○ *Weglänge:*   7 km

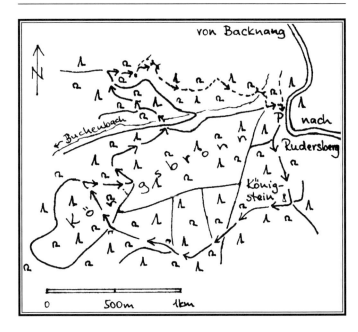

❀ *Was man sonst noch erleben kann:*
   Bei der Anfahrt sieht man links nach der Rettichkreuzung die
   Moto-Cross-Strecke von Rudersberg. Alljährlich findet hier im
   Sommer das Internationale Rudersberger Moto-Cross statt. Für
   Motorsportfreunde ist das sicherlich eine besondere Attraktion.

▢ *Kartenempfehlung:*
   Naturpark Schwäbisch-Fränkischer Wald 1 : 50 000 Landesvermessungsamt Baden-Württemberg

Tuff, tuff, tuff, die Eisenbahn ... ㉒

Dampfzugfahrt mit dem Wieslauftalexpress

... wer will mit, der hängt sich an ..., sicher jeder hat dieses bekannte Kinderlied schon einmal gehört. Wir hängen uns heute aber nicht an, sonst geht es uns noch wie dem Bauer und seinem Geißböckle in dem ebenfalls bekannten Lied „Auf dr schwäbsche Eisebahne": „find er bloß no Kopf ond Soil, an dem hintre Wagedoil". Also steigen wir lieber ein!

Der Wieslauftalexpress verkehrt an einigen Tagen im Jahr zwischen *Schorndorf* und *Rudersberg*. Diese Eisenbahnstrecke besteht schon seit 1908. Früher fuhren die Züge der Königlichen Württembergischen Staatseisenbahn sogar noch weiter hinauf bis nach Welzheim. Leider ist der interessanteste Streckenabschnitt von Rudersberg bis hoch nach Welzheim heute für Züge nicht mehr befahrbar (u. a. wegen eines Erdrutsches). Es bestehen jedoch Initiativen, die sich für den Erhalt dieses abwechslungsreichen Streckenabschnittes einsetzen.

Seit Anfang 1995 hat nun der Zweckverband Wieslauftalbahn die Strecke von der Deutschen Bahn AG übernommen. Seitdem wird der Personennahverkehr von der Württembergischen Eisenbahngesellschaft mit modernen Dieseltriebwagen betrieben.

Unsere Dampfzugfahrt wird vom Verein Dampfbahn Kochertal e. V. durchgeführt, der auch zwischen Gaildorf und Untergröningen mit dem *Kochertalexpress* aktiv ist. Zum Einsatz kommen beim **Wieslauftalexpress** meist eine schwere Güterzugdampflok und Wägen aus den 50er Jahren (aus technischen Gründen ersatzweise auch eine historische Diesellok).

Die rauchenden und schnaubenden Lokomotiven kennen unsere Kinder ja meist nur noch aus Büchern oder von Liedern her. Um so spannender ist es dann, wenn sie die Dampfrösser aus allernächster Nähe selbst beobachten und inspizieren können. Die großen Räder und deren Funktionsprinzip sind bestimmt genauso faszinierend wie ein Blick ins Führerhaus. Vielleicht kann man sogar einen Blick in den Heizkessel werfen? Auch die altertümlich anmutenden Wägen sind nicht aus der „Römerzeit", sondern spiegeln den Reisekomfort einer noch gar nicht so lange vergangenen Zeit wieder. Da kommt man sich bei der ruckeligen Fahrt wirklich vor, als ob man in eine andere Zeit versetzt worden wäre.

Viel zu schnell sind wir an der Endstation angelangt und es heißt: „Alles aussteigen, bitte!"

Wenn ich groß bin, werde ich Lokomotivführer

Haben wir unsere Fahrt mit dem Dampfzug in Schorndorf begonnen, stehen wir nun am Bahnhof in Rudersberg. Was wollen wir anfangen?

Ein Besuch im Freibad? Einkehren? Radeln? Wandern? Für die ersten drei Vergnügungen braucht man bestimmt keine weiteren Erklärungen, für die Radfahrt auf dem ausgeschilderten Radweg wäre jedoch eine Karte sinnvoll. Für diejenigen, die ein wenig wandern wollen, gibt es eine kleine Wanderung über Schlechtbach und wieder zurück nach Rudersberg oder weiter nach Michelau. Michelau hat ein seltenes technisches Museum, das zu besichtigen ist: eine Ölmühle aus dem 18. Jahrhundert. Zurück nach Rudersberg müssen wir nicht mehr unbedingt zu Fuß gehen, das „Zügle" könnte uns auch ab Michelau wieder mit zurück nach Schorndorf nehmen.

Für diese Tour ist es gut, wenn wir – wie auf jeder Wanderung – im Rucksack Verpflegung und Getränke für unterwegs dabeihaben.

Ehe wir losmarschieren, sollten wir noch einen Blick auf den Fahrplan werfen. Er ist auf Gleisseite am Bahnhof ausgehängt. Wichtig ist für uns die Abfahrtszeit in Rudersberg, und – falls wir in Michelau zusteigen wollen: der Wieslauftalexpress erreicht Michelau nur wenige Minuten später.

Aber nun geht's wirklich los! Wir gehen vor zur Straße und halten uns rechts auf dem Gehweg in Richtung Ortsmitte. Schon bald müssen wir nochmals nach rechts in Richtung Welzheim abzweigen, über die Gleise hinweg und gleich dahinter wieder rechts. Hier sind wir auf dem Hauptwanderweg *HW 10* (Stromberg-Schwäbischer-Wald-Weg) des Schwäbischen Albvereins, gekennzeichnet mit einem *roten Balken*. Neben dem kleinen Flüßchen, der Wieslauf, wandern wir weiter. Mitten in einem Sägewerk überqueren wir die Wieslauf auf einer kleinen Brücke nach links. Auf einem Wiesenpfad geht es nun nach rechts weiter, bis ein Weg uns links aufwärts führt. Oben rechts und wir kommen nach *Schlechtbach*, genau genommen nach *Oberschlechtbach* hinein. Hier verlassen wir – nach einem kleinen Spielplatz bzw. nach dem ersten Haus – unseren markierten Weg nach links. Am Wasserbehälter vorbei gelangen wir zum Waldrand hinauf. Hier lädt eine Bank zu einer willkommenen Verschnaufpause ein. Auch genießt man von hier einen schönen Blick ins Wieslauftal. An einem kleinen Brunnen am Wegrand in der Nähe der Bank finden wir eine Station des Heimatkundlichen Lehr- und Wanderpfades, der von der Gemeinde Rudersberg ausgewiesen wurde.

Am Waldrand folgen wir nach rechts dem Hohlweg, auf dem wir noch ein Stück weiter aufwärts steigen. Oben gelangen wir auf einen Schotterweg, dem wir nach rechts folgen. An der nächsten Abzweigung halten wir uns wieder rechts bergabwärts. Man sieht es dem unscheinbaren Schotterweg fast nicht an, daß wir uns auf einem mittelalterlichen Verkehrsweg befinden, der von Ellwangen nach Winnenden und weiter nach Marbach führte. Nur wer genau hinsieht, erkennt deutliche Befestigungen an den Seiten des Weges, die auf diesen alten Weg hinweisen. Solche „Hohen Straßen", also Straßen, die über Bergrücken hinweg führen, waren früher am beliebtesten. Erstens, weil Überfälle wegen der guten Überschaubarkeit nicht so leicht möglich waren und zweitens, weil die Wege meist qualitativ besser waren als die im Tal unten, die oft überschwemmt wurden.

Immer geradeaus – nicht nach rechts hinunter – kommen wir über Obstbaumwiesen zum *Kirschenwasenhof*. Schöne Ausblicke über das Wieslauftal bis hinüber zum Schurwald eröffnen sich von hier aus. Erstaunt lesen wir auf einer Hinweistafel, daß sich hier ein 32 Meter tiefer Brunnen befindet. Noch mehr Verwunderung löst die Vermutung aus, daß an dieser Stelle auch ein römischer Wachturm als Verbindung zwischen den Raststellen zwischen Bad Cannstatt und Welzheim gestanden haben soll.

Wieder kommen wir an einem Bänkle vorbei. Ein Stück weiter und wir treffen auf den uns schon bekannten *HW 10* des Schwäbischen Albvereins, richtig, das war der mit dem *roten Balken*. Hier haben wir die Möglichkeit, nach rechts über *Oberschlechtbach* zurück nach *Rudersberg* zu gelangen. Das wäre die kürzeste Version, um wieder an den Ausgangspunkt zu kommen. Dabei folgt man immer dem *roten Balken* des gut markierten Weges.

Wer weiter nach *Michelau* möchte, folgt dem *HW 10* nach links. Zum Schluß – ohne Markierung – rechts durch einen Hohlweg hinunter und wir erreichen die Ortschaft. Immer geradeaus durch *Michelau* hindurch und über eine Straße hinweg. Bald danach kommen wir zu einer niedrigen Eisenbahnbrücke, unter der wir durchgehen. Kaum zu glauben, daß hier die schwere Dampflok mit ihren 130 Tonnen Gewicht darüberfahren kann. Drunter stehenbleiben möchte bestimmt niemand freiwillig, wenn der Zug darüberrattert. Gleich darauf sehen wir eine Spielwiese mit ein paar Spielgeräten. Der Blick zur Uhr wird wohl entscheiden, wie lange wir verweilen dürfen. Zur Orientierung, zur Ölmühle geht's nach links, der Bahnhof liegt rechts von uns.

Die **Michelauer Ölmühle** diente früher zur Speiseölgewinnung. Heute noch vorhandene Maschinen, wie z.B. die hydraulische Presse, vermitteln einen Eindruck der damaligen Arbeitsmethoden. Besonders interessant ist die vielseitige Verwendung des Flachses, die ebenfalls hier bestaunt werden kann: Einerseits konnte Öl, das Leinöl, aus der Pflanze gewonnen werden und andererseits wurden die Fasern zu Leinen weiterverarbeitet.

Zum Bahnhof kommen wir auf dem Wieslauftalrad- und -wanderweg nach rechts vor zur Straße, über die Gleise hinüber, und dann links zum Bahnhof. Natürlich kann man auch, wenn man noch genug Zeit hat, auch bis nach Rudersberg auf dem ausgeschilderten Wieslauftalrad- und -wanderweg zurückwandern.

▷ *Wie kommt man nach Schorndorf?*

Schorndorf ist Endbahnhof der S-Bahn-Linie S 2. Sonntags kann man günstig mit der Netzkarte, gültig für vier Erwachsene, dabei zählen zwei Kinder von 6 bis 11 Jahren als ein Erwachsener, aus dem gesamten VVS-Gebiet anreisen. Auch Fahrräder dürfen in der S-Bahn sonntags ganztägig zum Kinderfahrpreis mitgenommen werden.

○ *Weglänge:*	Rudersberg-Kirschenwasenhof-Rudersberg	7 km
	Rudersberg-Michelau	6 km
	Rudersberg-Michelau-Rudersberg	9,5 km

∞ *Fahrpreise des Wieslauftalexpress:*

Gesamtstrecke:	einfach	DM	6,00
	mit Rückfahrt	DM	10,00
Teilstrecke:	einfach	DM	3,00
	mit Rückfahrt	DM	5,00
Familienkarte:		DM	25,00

Kinder von 4 bis 14 Jahren zahlen die Hälfte. Kostenloser Fahrradtransport im Packwagen.

★ *Auskünfte und Gruppenreservierungen:*
Dampfbahn Kochertal e. V.
Postfach 41
74429 Sulzbach-Laufen
Telefon 0 71 57/80 27
Fax: 07 11/2 86 46 94

Technisches Museum Ölmühle:

△ *Öffnungszeiten:* Im Sommerhalbjahr am
letzten Sonntag des Monats   14.00-17.00 Uhr
Gruppen nach Vereinbarung

∞ *Eintritt:*   frei

★ *Auskünfte:*   Telefon 0 71 83/27 55   (Anneliese Kurz)
Telefon 0 71 83/30 05-81 (Ortsamt Schlechtbach)

❀ *Was man sonst noch erleben kann:*
Von Rudersberg führt ein markierter Radweg durchs Wieslauftal zurück bis nach Schorndorf. Schorndorf selbst ist natürlich ebenfalls einen Besuch wert (Marktplatz, Daimler-Geburtshaus).

❀ *Tip:*
Die Wanderung kann auch an Sonntagen, an denen der Wieslauftalexpress nicht unterwegs ist, von Rudersberg aus gestartet werden.

▢ *Kartenempfehlung:*
Naturpark Schwäbisch-Fränkischer Wald 1 : 50 000 Landesvermessungsamt Baden-Württemberg

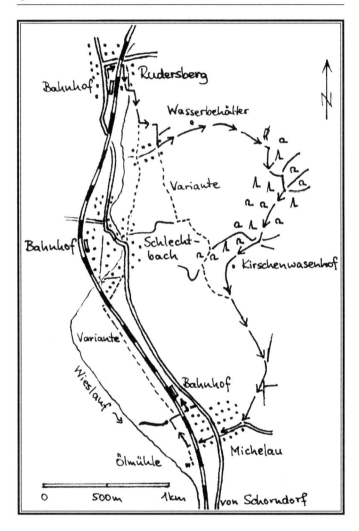

Fast wie am Meer!

Rundwanderung bei Vorderhundsberg

Bei dieser Rundwanderung lernen wir das Naturdenkmal *Kesselgrotte* und das romantische *Edenbachtal* kennen. Das kleine Flüßchen schlängelt sich mit vielen kleinen Kurven durch das enge Tal. Teilweise besteht das flache Bachbett aus einer dicken Schicht Sand, die sich hervorragend dazu eignet, Sandburgen zu bauen. Natürlich kann man sich auch andere Wasserspiele einfallen lassen, z. B. selbstgebastelte Rindenboote schwimmen lassen – welches schafft es am weitesten?

Kinder können sich mit Sand und Wasser bekanntlich ja stundenlang beschäftigen. Da macht es – zumindest für die Kinder – fast keinen Unterschied, ob man sich wirklich am Meer befindet oder sich in einem kleinen Tal im Schwäbischen Wald aufhält.

Der teilweise sehr schmale Pfad bietet auch sonst viel Abwechslung, mal geht es oberhalb und mal direkt am Bach entlang. Holzbrücken und ein seilgesicherter Abschnitt sind ebenfalls faszinierend.

Also, los geht's! Vom Parkplatz bei der Sternwarte folgen wir dem *blauen Kreuz* links in Richtung Sternwarte. Die **Sternwarte** erkennt man schon von weitem an der hellen Kuppel. Sie ist nur bei klarem Wetter geöffnet. An der Sternwarte gehen wir hinunter an den Waldrand und bleiben weiterhin auf dem mit einem *blauen Kreuz* markierten Weg. Geradeaus durchwandern wir den kleinen Weiler *Lettenstich*. Kurz darauf führt unser Weg rechts in Richtung Kesselgrotte und Laufenmühle in den Wald hinein. Abwärts unserem Zeichen nach, dann ausgeschildert nach rechts: Nun ist es nicht mehr weit bis zur **Kesselgrotte**. Das Naturdenkmal ist ein schönes Beispiel für einen enorm großen, ausgehöhlten Sandstein. Solche „Hohlen Steine" findet man im Schwäbischen Wald immer wieder, und immer wieder sind sie aufs Neue sehr eindrucksvoll.

Durch die große Aushöhlung der Kesselgrotte geht der Weg hinter einem kleinen Wasserfall hindurch. Bald darauf mündet unser Steiglein in einen Schotterweg, auf dem wir uns nach links in Richtung Laufenmühle halten. Immer noch gilt die alte Markierung, das *blaue Kreuz*. Wir kommen an einem kleinen Brünnele vorbei und sehen noch ein Stück weiter in einer Kurve eine schöne Wurzel. Wie Wurzelzwerge können sich hier unsere Kinder fühlen! Auch für Erwachsene ist es interessant, Wurzeln von unten anzusehen. Und wie Sandstein langsam zu Sand zerbröselt, kann man an dieser Stelle gut mit den Händen fühlen. Weiter bergab gelangen wir zum Parkplatz bei der *Laufenmühle*. Noch vorher zweigt unser weiterer Weg – übrigens ein Teil des Mühlenwanderweges rund um Welzheim – nach rechts ab ins *Edenbachtal*. Der Mühlenwanderweg ist mit einem *blauen Wasserrad auf gelbem Grund* gekennzeichnet.

Wer nun aber erst an einer Grillstelle eine Rast einlegen möchte, wandert geradeaus weiter und über den Parkplatz hinweg. Das große Viadukt gehört zur Eisenbahnlinie Rudersberg-Welzheim. Leider ist dieser Teil der Wieslauftalbahn schon seit Jahren stillgelegt. Nach links erreicht man nach wenigen Metern den Rastplatz. Auch einen hübschen Wasserfall kann man sich in der Nähe des Parkplatzes an der Laufenmühle anschauen. Gestärkt steigen wir das kleine Stück bis zur Abzweigung wieder aufwärts und folgen nach links der Markierung *blaues Wasserrad auf gelbem Grund* in Richtung *Edenbachtal* und *Welzheim*.

Schon nach kurzer Zeit überqueren wir das Bächlein auf einer Holzbrücke. Wir wandern nach rechts weiter. Der flache **Edenbach** schlängelt sich kurvenreich durch das Tal. Gleich hier am Anfang gibt es schon schöne Stellen zum Spielen. Das Gurgeln und Plätschern des Baches begleitet uns auch beim Weitergehen. Das Weglein wird schmaler und mal wandern wir oberhalb des Baches, mal direkt an ihm entlang. Gegenüber können wir noch Mauerreste einer ehemaligen Sägemühle erkennen. Im Schwäbischen Wald gab es früher sehr viele Sägemühlen. Zu jedem kleinen Weiler gehörte eine eigene Sägemühle.

Auf dem abwechslungsreichen Steiglein gelangen wir zu dem angekündigten schönen Sandplatz. Hier ist bestimmt nochmals eine Pause nötig! Bei der nächsten Abzweigung bleiben wir weiterhin im Tal unten und steigen nicht aufwärts in Richtung Welzheim. Dann kommt die Stelle mit der Seilsicherung: An Felsen entlang wurde der Steig mit Holzbohlen und zusätzlich mit einem Seil neu abgesichert, da der alte durch Rutschungen und Unterspülungen nicht mehr zu verwenden war. Noch eine Zeitlang können wir das romantische Tal genießen, dann kommen wir an eine Kreuzung. Nach rechts in Richtung *Vorderhundsberg* und *Langenberg* ist unsere Richtung. Wir überqueren den Bach und steigen zuerst geradeaus und dann in Serpentinen aufwärts. Schnell gewinnen wir an Höhe. Oben halten wir uns rechts und treten aus dem Wald hinaus. Über Felder aufwärts gelangen wir zu den Häusern von *Vorderhundsberg*. In der Ortsmitte begegnet uns eine ländliche Idylle wie aus dem Bilderbuch. Wenn man Glück hat, sieht man Tiere aller Art. Als wir unterwegs waren, waren z. B. Kälber im Hof und Pferde schauten aus der Stalltüre heraus bzw. wurden gestriegelt. Beachtenswert ist auch das alte Ortsschild, das mitten auf dem Platz steht. Vor allem die Gegensätze sind interessant: Das alte Ortsschild ist auf einem stabilen Eisenpfahl angebracht, das neuere ortsauswärts auf einem wackligen Holzpfahl! Immer geradeaus in Richtung *Langenberg* und *Obersteinenberg* erreichen wir auf dem wenig befahrenen Sträßchen unseren Ausgangspunkt wieder.

Im Edenbachtal

▷ *Wie kommt man zum Parkplatz bei der Sternwarte bei Vorder-*
hundsberg?
Von Welzheim über Breitenfürst und geradeaus weiter in Richtung Schorndorf. Rechts ab in Richtung Sternwarte, Taubenhof
und Vorderhundsberg. Der Waldparkplatz gleich links im Wald
ist als Ausgangspunkt ebenfalls geeignet. Leider gibt's ab da keine
andere Möglichkeit, als auf der – zum Glück wenig befahrenen –
Straße zu wandern.
Zum Parkplatz bei der Sternwarte folgt man weiter geradeaus der
Straße nach Vorderhundsberg. Er befindet sich auf der linken Seite, ehe die Straße nach Vorderhundsberg nach rechts eine Kurve
macht. Solange die Sternwarte geschlossen ist, kann dieser Parkplatz als Ausgangspunkt gewählt werden.

○ *Weglänge:*   ab Parkplatz bei der Sternwarte knapp   7 km
                 ab Waldparkplatz gut   10 km

Sternwarte:
△ *Öffnungszeiten:* nur bei klarem Wetter

★ *Auskünfte:*   Planetarium Stuttgart, Telefon 07 11/1 62 92 15

❀ *Was man sonst noch erleben kann:*
Im nahegelegenen Welzheim ist ein Besuch des Städtischen Museums mit geologischer und römischer Abteilung sowie volks-
kundlichen Exponaten sehr interessant und auch für Kinder lohnend. Auch der archäologische Park im Ostkastell mit seinem
restaurierten Westtor ist weit über Welzheim hinaus bekannt.

Städtisches Museum
▷ *Wie kommt man hin?*
Von Breitenfürst nach Welzheim hinein. Nach dem Feuersee be-
schildert in Richtung Rathaus/Museum links abzweigen, gleich
darauf wieder rechts. Das Museum befindet sich links in der
„Pfarrstraße 8.

△ *Öffnungszeiten:* sonntags   14.00–17.00 Uhr
                    Gruppen nach Vereinbarung

∞ *Eintritt:*   frei

★ *Auskünfte:*   Telefon 0 71 82/80 08-15 (Rathaus)
                  0 71 82/65 85 (Historischer Verein)

Archäologischer Park Ostkastell
▷ *Wie kommt man hin?*
Wie der Name schon sagt, liegt das rekonstruierte Kastell im
Osten von Welzheim. Wer von Breitenfürst nach Welzheim hin-

einfährt, hält sich beschildert nach rechts in die „Christian-Bauer-Straße", bleibt weiterhin geradeaus auf der „Burgstraße" und zweigt dann nach rechts in die „Goethestraße" ab. Nach rechts beschildert auf der „Heckenstraße" hinab und dann nach links zum Parkplatz direkt beim Ostkastell.

△ *Öffnungszeiten:* Ganzjährig frei zugänglich

∞ *Eintritt:*   frei

★ *Auskünfte:*   Telefon 0 71 82/80 08-15
                      (Gruppenführungen nach Vereinbarung möglich)

☆ *Einkehrmöglichkeiten:*
in Eselshalden, Breitenfürst und Welzheim

▢ *Kartenempfehlung:*
Naturpark Schwäbisch-Fränkischer Wald 1 : 50 000 Landesvermessungsamt Baden-Württemberg

Stand hier die Judenburg?

Auf aussichtsreichen Wegen bei Urbach

Bei der heutigen Tour wollen wir unter anderem nach Überresten der Judenburg Ausschau halten. Die Judenburg war die Stammburg der Herren von Urbach, einer staufischen Ministerialienfamilie. Die Anfänge der Burg gehen bis ins 12. Jahrhundert zurück. Judenburg war der volkstümliche Name für diese Burg und das hatte folgenden Grund: Die Herren von Urbach hatten so lange in Saus und Braus gelebt, bis sie ratzeputz kein Geld mehr hatten. Sie mußten Schulden machen, um ihren Aufwand weiterhin decken zu können. Daher liehen sie sich bei Juden Geld aus und überließen ihnen dann auch die weiteren Geldgeschäfte. Da die Juden auf dieser Burg wohl des öfteren zu tun hatten, hat man ihr den Namen Judenburg gegeben.

Im 15. Jahrhundert unternahm der Raubritter Jakob von Urbach – so erzählt die Überlieferung – von dieser Burg aus seine Raubzüge. Vor allem fahrende Kaufleute waren unter seinen Opfern. Zur Strafe wurde die Burg 1493 von Graf Eberhart im Bart zerstört. Man sagt, daß die Urbacher Bürger ihm bei der Zerstörung so gründlich geholfen haben sollen, daß kaum noch Spuren von dieser Burg übriggeblieben sind. Die Judenburg ist früher auf einer vorspringenden Nase des Altenbergs gestanden. Durch einen großen Bergrutsch in den 20er Jahren des 20. Jahrhunderts hat sich der ganze Westhang des Altenbergs verändert und die letzten Mauerreste mit ins Tal gerissen.

Wenn man heute auf dem Altenberg steht, kann man sich die Lage für eine Burg hier oben prima vorstellen. Auch der Rutschhang ist sehr eindrucksvoll. Vorsichtig können wir nach allerletzten Überresten Ausschau halten.

Das Gelände auf dem Altenberg wurde 1957 archäologisch untersucht. Dabei stieß man auf Gebrauchsgegenstände und auf Mauerreste der ehemaligen Burg.

Doch nun zur Wanderung: Vom Wanderparkplatz im Bärenbachtal gehen wir geradeaus auf der Fahrstraße über die Brücke hinweg und treffen auf einen Wanderweg, der mit einem *blauen Punkt* markiert ist. Der bezeichnete Weg kommt von rechts und führt nach links weiter in Richtung *Urbach* über die Wiese. Wir folgen dem Pfad über die Wiese nach links und überqueren auf einer Holzbrücke den Bärenbach. Immer dem Steiglein nach erreichen wir einen geschotterten Waldweg. Wir überqueren den Weg und bleiben geradeaus weiterhin auf dem mit einem *blauen Punkt* gekennzeichneten Weg. Es steigt ein wenig an, dann zweigt unser markierter Weg nach

Im Frühjahr unterwegs

links ab. Auf einem malerischen Hohlweg geht es wenig später weiter. Bald treten wir aus dem Wald hinaus auf Obstbaumwiesen. Immer geradeaus weiter kommen wir zu einer weiteren Kreuzung. Hier wechselt unsere Markierung. Dem *roten Balken* des Hauptwanderweges 10 *(HW 10)* des Schwäbischen Albvereins folgen wir rechts aufwärts und gleich darauf heißt es wieder links halten. Wir wandern hier über die Obstbaumwiesen des *Gänsbergs*. Ins Remstal und auf den gegenüberliegenden Schurwald kann man schön hinunter- bzw. hinüberblicken.

Am Hang entlang umrunden wir den Gänsberg und haben dann eine herrliche Sicht ins Wieslauf- und ins Remstal. Eine Bank mit Aussichtstafel lädt zu einem ausführlichen Studium des Panoramas ein. Die Ortschaft unter uns ist Urbach, dahinter ist Schorndorf zu erkennen. Auch die Judenburg, unser nächstes Ziel, ist auf der Tafel aufgeführt, obwohl ja, wie schon erwähnt, von der Burg gar nichts mehr zu sehen ist.

Geradeaus weiter erklimmen wir den Altenberg. Auf dem *Altenbergweg* wandern wir weiterhin geradeaus in den Wald hinein. Nun geht es sogar schon wieder abwärts! An der nächsten Möglichkeit halten wir uns links. Eben am Hang entlang führt uns der Weg wieder aus dem Wald hinaus. Ein paar Schritte noch weiter, dann müssen wir uns zwischen Hecken einen Weg nach links suchen. Geradewegs kommen wir so auf den Standort der ehemaligen **Judenburg** zu. Eine Holztafel zeigt uns an, daß wir tatsächlich an der richtigen Stelle sind.

Auch der Rutschhang ist wirklich nicht zu übersehen! Bis zur Abzweigung im Wald kehren wir auf dem gleichen Weg zurück. Nur noch wenige Meter nach links und wir kommen am Wanderparkplatz *Hagsteige* heraus. Hier haben wir nun die Möglichkeit, die vorgeschlagene Runde beliebig zu erweitern oder abzukürzen. Der kürzeste Weg zum Parkplatz zurück ist rechts über den *Geisbrünneleweg* immer geradeaus hinunter, dann rechts wahlweise durch eine Furt oder über eine Holzbrücke hinüber. Man trifft auf ein kleines Fahrsträßchen und kehrt darauf nach rechts zum Ausgangspunkt zurück.

Eine weitere Möglichkeit wäre, dem *blauen Kreuz* geradeaus zu folgen und dann durchs Bärenbachtal zurückzuwandern. Ein Blick auf die Karte zeigt, daß man hier noch – je nach Lust und Wanderlaune – einen beliebig großen Bogen zusätzlich schlagen kann.

▷ *Wie kommt man zum Wanderparkplatz im Bärenbachtal?*
  Von der B 29 bei der Ausfahrt Urbach abfahren. Durch den Ort geradeaus hindurch in Richtung Plüderhausen weiterfahren. Nach dem Ortsende links in Richtung Plüderwiesenhof und Bärenhof abbiegen. Auf dem Fahrsträßchen geradeaus, dann links weiter, an der nächsten Kreuzung rechts abzweigen, darauf nochmals nach links. Durch Bärenhof hindurch und geradeaus weiter zum Parkplatz auf der linken Seite.

○ *Weglänge:*   6 km, längere Runden nach Belieben

❀ *Tip:*
Da man bei dieser Tour zum großen Teil durch Obstbaumwiesen unterwegs ist, ist diese Wanderung zur Zeit der Obstblüte im Frühjahr besonders schön.

☆ *Einkehrmöglichkeiten:*
Bärenhof (dienstags Ruhetag) Telefon 0 71 81/8 16 76
mehrere Gasthäuser in Urbach

▱ *Kartenempfehlung:*
Naturpark Schwäbisch-Fränkischer Wald 1 : 50 000 Landesvermessungsamt Baden-Württemberg

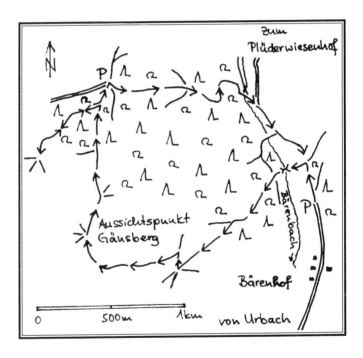

Wer findet die Isohypsen?

Von Weitmars auf den Hohbergkopf

Der Hohbergkopf liegt zwischen Lorch und Plüderhausen. Er ist einer der wenigen Berge im Schwäbischen Wald, auf dem auf der Spitze ein Gipfelkreuz steht. Dabei darf man sich jedoch den Hohbergkopf nicht als felsigen Aussichtsgipfel vorstellen, nein, auf seiner Kuppe ist er bewaldet und dementsprechend kann man keine großartige Aussicht erwarten.

Unser Ausgangspunkt liegt dieses Mal schon recht hoch über dem Remstal, da müssen wir keinen großen Anstieg mehr bewältigen. Aber ganz ohne Anstrengung geht's auch wieder nicht, das sei im voraus schon erwähnt. Dafür kann man auf dem Gipfel bei einer Schutzhütte mit Bänken und einem Tisch eine gemütliche Rast einlegen.

Los geht's am Waldparkplatz bei *Weitmars*. Am Anfang des Parkplatzes wandern wir auf dem *Brandhüttenweg* in Richtung *Plüderhausen* los. Der Weg ist mit einem *roten Balken* gekennzeichnet und hat als weiteres Ziel noch die Angabe *Neunränkle*. Gleich zu Beginn steigt der Weg ein wenig an, hier „begegnet" uns schon eine *Isohypse* nach der anderen. Wer kann jedoch eine finden? Die Isohypsen sind immer da, im Winter und im Sommer. Sie frieren nicht und brauchen nichts zu essen. Keine Angst, beißen können sie, soviel ist sicher, auch nicht. Was sind denn das für ungewöhnliche Waldbewohner, die sich nicht blicken lassen? Eigentlich kann man die Isohypsen auch keine Waldbewohner nennen, obwohl sie tatsächlich hier im Wald vorkommen. Denn selbst auf Feldern und in Städten sind sie anzutreffen. Hat jemand das Rätsel schon gelöst?

Hier ist die Lösung für alle, die nicht länger auf die Folter gespannt sein wollen: Eine Isohypse nennt man die Verbindung von Punkten, die die gleiche Höhe haben. Also zu deutsch: Eine Isohypse ist eine Höhenlinie. Woher kennen wir Höhenlinien? Am ehesten von unserer Wanderkarte. Ein erfahrener Wanderer weiß ja, daß je enger die Höhenlinien – auch manchmal Schichtlinien genannt – beieinander liegen, desto steiler ist das Gelände. Und je größer der Abstand zwischen den einzelnen Höhenlinien ist, desto flacher ist die Form des Geländes. Schauen wir daraufhin den Wegeverlauf unserer Tour auf der Wanderkarte an, können wir erkennen, daß wir tatsächlich am Beginn von Isohypse zu Isohypse, also von Höhenlinie zu Höhenlinie, unterwegs sind. Alles klar? Ein Beispiel dazu:

Im Gelände lassen sich Isohypsen, also Höhenlinien, nur ungefähr bestimmen. Sobald man einen Schritt höher ist, ist man ja schon auf einer anderen Höhenlinie. Der Einfachheit halber hat man sich bei Wanderkarten auf einen bestimmten Höhenlinienabstand geeinigt. Meist beträgt der Abstand von einer Linie zur nächsten zehn Meter. Gerade Hunderterwerte der Meterangaben über Normal Null (Meeresspiegel) erkennt man auf der Karte an verstärkten Linien.

An einem Beispiel, das jeder kennt, kann man den Verlauf einer Isohypse gut studieren: an einem See. Das Wasser hat die Eigenschaft, überall auf gleicher Höhe zu sein und die Uferkante wäre praktisch dem Verlauf einer Höhenlinie gleichzusetzen! Würde man den See ein Stück weit ablassen, hätte man schon die nächste Höhenlinie.

Inzwischen sind wir so weit geradeaus über die Isohypsen „darübergehüpft", daß wir auf dem mit einem *roten Balken* markierten Weg nach rechts abzweigen. Nun liegt der abwechslungsreiche und interessante *Neunränklesweg* vor uns. Er ist ein Teil des Hauptwanderweges 10 *(HW 10)* des Schwäbischen Albvereins, der vom Stromberg zum Schwäbischen Wald führt. Auf dem ebenen Hangweg (für Kartenleser: wir wandern parallel zu den Höhenlinien) umwandern wir nun in vielen „Ranken" die Nordseite des Hohbergkopfes. An einem Brünnele geht unser Weg vorbei und kurz hintereinander durchqueren wir zwei Schluchten. Der Weg verengt sich zu einem abenteuerlichen Pfad und immer wieder gibt's Klingen und Felsen zu bestaunen. Mal ist es ein kleinerer Einschnitt ins Gelände, mal geht der Blick in die Schluchten so weit hinunter, daß man sich vorkommt wie ein Bergsteiger, der am „Abgrund" entlangwandert. Auf unseren Steig mündet ein mit einem *blauen Balken* beschilderter Weg ein. Wir bleiben jedoch weiterhin geradeaus auf unserem schönen ebenen Pfad. Bald darauf stoßen wir auf einen Schotterweg, auf dem wir uns links aufwärts in Richtung *Hohberg* halten. Wir überqueren wiederum die letzte Schlucht, nur deutlich weiter oberhalb. Wenig später müssen wir bezeichnet nach rechts und einen kurzen, steilen Anstieg hoch. Da können wir alle wie Dampflokomotiven hochschnaufen! Über einen geschotterten Waldweg hinweg und immer weiter dem *blauen Balken* nach, dann wird es schon wieder flacher. Wir folgen weiterhin den Markierungen nach links und erreichen bald das hölzerne Gipfelkreuz des **Hohbergkopfes** auf 498 Metern Höhe. Sogar ein Gipfelbuch gibt es hier, in das man sich eintragen kann! Der schöne Platz lädt zu einer Rast geradezu ein!

Wer sich dann doch dazu entschließt weiterzugehen, überquert den Hohbergkopf geradeaus. Abwärts treffen wir auf eine Kreuzung. Hier können wir die Länge des Rückweges selber bestimmen. Geradeaus hinunter nach *Weitmars* ist der kürzeste Weg zurück zum Parkplatz. Wer noch Lust und Zeit für einen längeren Rückweg hat, hält sich dagegen rechts auf dem geschotterten Waldweg. Der *blaue Balken* führt uns auf dem *Hohbergkopfweg* hinunter. Nach einem Brünnele mit einladender Sitzgruppe dürfen wir die – allerdings gut markierte – Abzweigung nach links nicht verpassen. Zwischen zwei

Auf du junger Wandersmann

Schluchten steigen wir bis zum nächsten Schotterweg hinab. Unten wandern wir nach links weiter in Richtung *Lorch* und *Weitmars.* Bald darauf gabelt sich der Weg erneut und wir wechseln nach links zum *blauen Punkt* als Wegzeichen. Wir kommen an einer kleinen *Schutzhütte* vorbei und immer geradeaus kehren wir wieder zum Parkplatz zurück.

Erfahrungsgemäß wandern Kinder nicht gerne auf breiten geschotterten Wegen. Hier könnten sie sich zum Beispiel parallel zu unserem Weg im Wald selber ein Durchkommen suchen. Das macht die ganze Sache schnell wieder spannend!

▷ *Wie kommt man zum Waldparkplatz bei Weitmars?*
Von Schorndorf auf der B 29 bis zur Ausfahrt Lorch-West. Zweimal links und einmal rechts nach Weitmars und dann immer auf der Straße aufwärts. Ganz oben im Ort links, an einer Bushaltestelle vorbei und auf dem „Hohbergweg" aus Weitmars hinaus und zum Parkplatz am Waldrand.

○ *Weglänge:*   kurze Runde   5,5 km
                          längere Runde   8 km

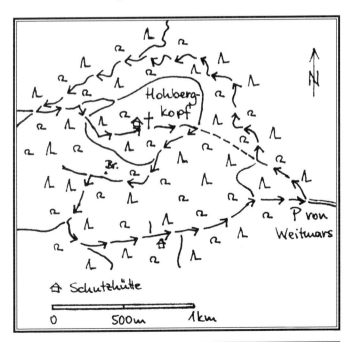

133

❀ *Was man sonst noch erleben kann:*
Bei Plüderhausen gibt es Seen, die in den Sommermonaten als
Badeseen sehr beliebt sind.

▷ *Wie kommt man hin?*
Von Weitmars auf der „alten" B 29 – also nicht auf der vierspurig
ausgebauten – in Richtung Plüderhausen fahren. Man kommt dabei direkt an den Badeseen vorbei, die sich links von der Straße
befinden.

☆ *Einkehrmöglichkeiten:*
in Weitmars, Plüderhausen und Lorch

◻ *Kartenempfehlung:*
Naturpark Schwäbisch-Fränkischer Wald 1 : 50 000 Landesvermessungsamt Baden-Württemberg

Auf und nieder immer wieder

Von der Brucker Sägmühle zu beeindruckenden Naturdenkmalen

Diese Wanderung führt uns zu den interessanten Naturdenkmalen Schillergrotte und Hohler Stein. Unsere Rundtour verläuft über weite Strecken auf abwechslungsreichen Pfaden, aber nicht nur das, auch bergauf und bergab müssen wir einige Male. Zwischendrin wird man immer wieder mit weiten Ausblicken ins Remstal und zur Schwäbischen Alb belohnt, ehe wir bald darauf wieder in die nächste Klinge hinabsteigen. Aber auch dort wird es überhaupt nicht langweilig. Interessante Felsformationen wollen hier erkundet werden, die einmal Schillergrotte und das andere Mal Hohler Stein heißen. Hohle Steine findet man übrigens im Schwäbischen Wald noch mehrere (siehe Tour Nr. 2, *Im Reich des Bunzich* und Nr. 8, *Abenteuer beim Hohlen Stein*). Sie verdanken ihre Entstehung dem hier vorkommenden Sandstein und dem Wasser, das im Laufe der Jahrhunderte diese eigenartigen Formen geschaffen hat. Obwohl es mehrere Hohle Steine gibt, sieht jeder wieder anders aus. Eins ist jedoch allen gemeinsam: Man findet sie vor allem in kaum zugänglichen Schluchten und Klingen und das sind natürlich die schönsten und abwechslungsreichsten Wanderwege für Familien mit Kindern!

Eine weitere Attraktion auf dieser Rundtour ist ein Abstecher in die Schelmenklinge. Wer kennt sie noch nicht? Mit Wasserkraft werden dort die unterschiedlichsten Sachen angetrieben. Da gibt es Hammerschmieden, Sägemühlen, Seilbahnen, Feuerwehren, Riesenräder und vieles mehr – alles in Miniaturausgabe. Da wird fleißig geklopft und gehämmert – übrigens das erste, was man schon von weitem aus der Schelmenklinge hört. Wer die vielen schönen Sachen geschaffen hat? Das waren Großväter, die ihren Enkeln und anderen Kindern eine Freude machen wollten. Und immer wieder kommt etwas Neues hinzu.

Also starten wir! Zu unserer Runde geht's am Waldparkplatz *Brucker Sägmühle* los. Der *blaue Punkt* in Richtung *Bruck* ist vorerst unsere zuverlässige Markierung. Auf dem Wegweiser erfahren wir, daß es bis dorthin zwei Kilometer sind. Eben spazieren wir auf dem *Schweizerhaldeweg* im Tal des Mühlbachs entlang, aber der erste Anstieg läßt nicht lange auf sich warten. In einer Rechtskurve verlassen wir den seitherigen Weg und zweigen nach links ab. Ein Schild mit genauen Zeitangaben – Bruck 30 Minuten, Schelmenklinge 40 Minuten – deutet uns an, daß der Aufstieg wirklich in absehbarer Zeit zu schaffen ist! In einem Hohlweg steigen wir aufwärts und erreichen oben eine Straße. Einige Meter an der Straße entlang weiter und dann müssen wir uns entscheiden, wohin wir wollen. Wer die **Schelmenklinge** noch nicht kennt, sollte auf keinen Fall den kurzen Abstecher dorthin versäumen. Von hier aus sind es nur noch zweihundert Meter! Nach links geht es in die Klinge hinab, die voll von Überraschungen ist.

Zur *Schillergrotte* überqueren wir die Straße und wandern nach rechts weiter in Richtung Ortschaft. Als Markierung gilt für uns der *rote Balken* und der *grüne Baum* des Hauptwanderweges 3 *(HW 3)* Main-Neckar-Rhein des Schwäbischen Albvereins. Durch *Bruck* hindurch und am Ortsende links den Zeichen nach. Parallel zur Straße wandern wir auf einem aussichtsreichen Weg weiter. Geradeaus vor uns liegt Alfdorf, südlich von uns das Remstal. Dahinter erhebt sich ein großer „Maulwurfshügel" mit einer Turmspitze, das ist der Rechberg.

Wir erreichen einen Parkplatz, an dessen Ende unser Weg über die Straße hinüber und dann nach links weitergeht. Hier treffen wir auch auf den *Hasenrundweg* der Gemeinde Alfdorf, mit welchem Symbol ist er wohl gekennzeichnet? Ja, natürlich mit einem Häschen. Ab nun haben wir also eine ganze Menge von Markierungen. Abwärts und dann noch ein Stück am Waldrand entlang nähern wir uns dem Naturdenkmal *Schillergrotte*. Über einige steile Stufen kommen wir nach rechts in eine wilde und felsige Klinge hinab. Über kleine Holzbrücken gelangen wir an das hintere Ende und sehen eine tolle Aushöhlung – aber das ist sie noch nicht. Auf dem schmalen Pfad steigen wir vorsichtig weiter. Überall sehen wir große Felsbroken herumliegen. Wieder müssen wir einige Stufen hinuntersteigen. Und dann sind wir an der **Schillergrotte**. Die Schillergrotte ist ein kreisförmig ausgehöhlter Sandsteinfelsen und in seiner Mitte stürzt durch eine schmale ausgewaschene Rinne ein Wasserfall herab. Bezaubernd sieht das aus! Woher sie wohl ihren Namen hat? Eine Urgroßmutter des bekannten Dichters Friedrich Schiller stammte aus Alfdorf, sein Vater lebte einige Jahre in Lorch – verwandtschaftliche Verknüpfungen sind schon da. Ob er allerdings selbst einmal die Schillergrotte besucht hat, ist nicht überliefert.

Unser Weiterweg bleibt romantisch: kleine Holzbrücken und schmale Pfade führen aus der Klinge wieder heraus. Aber immer gut markiert! Wir kommen an eine Gabelung. Unser nächstes Ziel ist nun der Hohle Stein. Daher folgen wir rechts dem Steig ins *Brucker Tal* und stoßen bald darauf auf einen Schotterweg. Hier heißt es zunächst links und dann rechts weiterwandern. Am *Moltenwaldbrunnen* vorbei, über die Brücke über den Mühlbach hinweg und an der nächsten Möglichkeit links weiter. Hier erfahren wir, daß es zum

Hohlen Stein noch ein Kilometer weit ist. Wenig später heißt es, eine weitere Klinge zu erstürmen. Diesmal kommen wir von unten, da müssen wir erst wieder an Höhe gewinnen. „Hohler Stein 20 Minuten" – also das schaffen wir bestimmt! Rechts auf dem fabelhaft ausgeschilderten Weg weiter, oben bezeichnet nach links und bald ist der **Hohle Stein** erreicht. Der Hohle Stein sieht ganz ähnlich wie die

Vor dem Hohlen Stein

26

Schillergrotte aus, nur ist er noch um einiges höher. Und wieder plätschert ein kleiner Wasserfall über den ausgehöhlten Felsen herab. Nach links folgen wir weiterhin unseren Zeichen (*Hase, roter Balken* und *grüner Baum*) und immer mal wieder hat man herrliche Ausblicke auf den Schwäbischen Wald. Noch müssen wir ein kleines Stück aufwärts steigen, solange, bis wir auf einen geschotterten Weg treffen. Diesem folgen wir nun – ab jetzt ohne Zeichen – nach rechts. Wir stoßen auf die kleine Zufahrtstraße zum *Schölleshof*, auf der wir nach rechts abwärts weiter wandern. Durch den *Schölleshof* geradeaus hindurch und weiter über Wiesen. Nach rechts schweift der Blick bis hinüber nach Bruck, das war die Ortschaft, die wir vorher durchwandert haben. „So weit sind wir schon gewandert", werden sicherlich nicht nur die Kinder, sondern auch die Erwachsenen staunen. Immer auf dem Weg geradeaus weiter, auf dem *Schölleshofweg* in den Wald hinein und genüßlich bergab bis hinunter zur *Bruker Sägmühle*. Jetzt nur noch wenige Meter nach rechts und der Ausgangspunkt ist wieder erreicht.

▷ *Wie kommt man zum Parkplatz Brucker Sägmühle?*

Der Parkplatz liegt in einem Tal zwischen Lorch und Schwäbisch Gmünd. Von Lorch auf der Kreisstraße in Richtung Schwäbisch Gmünd, am Wachthaus links abbiegen nach Haselbach und Brucker Sägmühle. Immer dem geteerten Weg nach – wir überqueren hier sogar die ehemalige Grenze des römischen Reiches, den Limes – bis zum Parkplatz, der sich noch vor den Häusern der Brucker Sägmühle auf der linken Seite befindet.

○ *Weglänge:* 8 km

❀ *Was man sonst noch erleben kann:*

Lorch besitzt ein sehenswertes Kloster und in unmittelbarer Nachbarschaft dazu steht eine Rekonstruktion, also ein Nachbau eines römischen Wachturmes. Ebenfalls etwas Besonderes ist ein Abschluß im Café Muckensee: Hier sitzt man mitten in einem Gewächshaus und kommt sich vor wie in einem Urwald.

▷ *Wie kommt man zum Kloster und zum Café Muckensee?*

Vom Wanderparkplatz zurück zum Wachthaus und rechts nach Lorch. Zum Kloster beschildert nach rechts abzweigen, der rekonstruierte Wachturm des Limes ist schon bei der Anfahrt vom Tal aus rechts oben zu sehen. Zum Café in Richtung B 29 und immer geradeaus weiter, ebenfalls beschildert.

☆ *Einkehrmöglichkeit:*
Brucker Sägmühle:
Gaststätte „Zur Hubertusklause" (montags Ruhetag), samstags geöffnet nach vorheriger Anmeldung, Telefon 0 71 72/62 77

▢ *Kartenempfehlung:*
Naturpark Schwäbisch-Fränkischer Wald 1 : 50 000 Landesvermessungsamt Baden-Württemberg

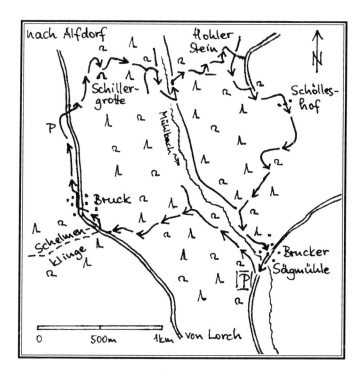

Advent, Advent ...

*Modelleisenbahn-Anlagen in Winnenden und
Backnang-Steinbach*

In der Adventszeit laden die Modelleisenbahnfreunde in Winnenden und in Backnang-Steinbach zu einem Besuch ihrer großen und schön gestalteten **Modelleisenbahn-Anlagen** ein. Historische Dampfloks (mit richtigem Rauch) rattern neben leise dahingleitenden ICE-Zügen, lange Güterzüge transportieren allerlei Güter auf ihren Wägen. Man weiß gar nicht, wohin man zuerst schauen soll! Wirklich „echt" sehen die Landschaften und Gebäude drumherum aus, passende Bilder an den Wänden ergänzen harmonisch die Kulisse.

Sehr viel Liebe zum Detail erkennt man überall: Bahnhöfe bekommen Namen, Gaststätten und Läden sind mit Schildern und Werbeplakaten versehen, Häuser werden errichtet oder – wie in Steinbach – auch wieder mit einer Abrißbirne abgebrochen.

Besonders schön sind bei beiden Anlagen die Bergdörfer, die durch zahlreiche Tunnel und Kurven mit dem „Rest der Welt" verbunden sind. Da kann man wirklich ganz herrlich schauen und staunen, sogar (oder erst recht?) die Erwachsenen.

Modellbahnpanorama in Steinbach

27

▷ *Wie kommt man nach Winnenden?*
Winnenden liegt an der B 14 zwischen Waiblingen und Backnang. In Winnenden zweigt man links ab in Richtung Leuten-
bach (beschildert) und fährt geradeaus weiter. Nach dem Ortsende muß man nach links in die Ziegeleifabrik Pfleiderer abbiegen,
dann noch ein Stück geradeaus aufwärts. Zwischen den Gebäuden
auf der linken Seite befindet sich der Eingang zur Anlage der „Privaten Modellbahnvereinigung Winnenden" (PMV).

△ *Öffnungszeiten:* Adventssonntage, Sonntage
in den Weihnachtsferien und
am 6. Januar   10.00–12.00 Uhr
und   14.00–16.00 Uhr

∞ *Eintritt:*   Personen ab 12 Jahren   DM 3,00
                Kinder ab 4 Jahren   DM 1,00

★ *Auskünfte:*   Telefon 0 71 95/87 49

▷ *Wie kommt man nach Backnang-Steinbach?*
Steinbach liegt nordöstlich von Backnang. Aus Richtung Winnenden kommend verläßt man die B 14 in Richtung Stadtmitte
Backnang an der ersten Möglichkeit. Geradeaus geht es stadtein-
wärts, dann in Richtung Steinbach weiter. An der nächsten Am-
pelkreuzung geht es nochmals rechts, ehe ·wir die Abzweigung
nach links nicht verpassen dürfen (beschildert). Wir überqueren
das Bahngleis der Murrtalbahn und nach ca. 2 km erreichen wir
Steinbach. An der ersten Kreuzung links in den Ort hinein und
geradeaus in der „Kirschengasse" weiter bis zur ehemaligen Schule.
Die Eisenbahnanlage des cje (club junges europa) befindet sich in
diesem Gebäude in der ehemaligen Schulküche. Parkmöglichkeiten im einstigen Schulhof.

△ *Öffnungszeiten:* Adventssonntage   10.00–12.00 Uhr
und   14.00–16.00 Uhr

∞ *Eintritt:*   Erwachsene   DM 2,00
                Kinder   DM 1,00

★ *Auskünfte:*   Telefon 0 71 91/8 20 70

Anhang

Anreise mit eigenem PKW oder mit öffentlichen Verkehrsmitteln?

Bei den Tourenbeschreibungen finden Sie meistens eine Beschreibung der Ausgangspunkte für die Anreise mit dem Auto. Viele Ausgangspunkte lassen sich jedoch auch mit öffentlichen Verkehrsmitteln erreichen. Leider lassen die Verbindungen vor allem an den Wochenenden häufig zu wünschen übrig.

Daher die Bitte an alle Benutzer öffentlicher Verkehrsmittel: Lassen Sie sich rechtzeitig vor Fahrtantritt ihren persönlichen Fahrplan erstellen. Diesen Service bieten viele Bahnhöfe und man ist dann immer auf der sicheren Seite, was z. B. Fahrplanänderungen oder Wochenendverkehr betrifft.

Ausrüstung

a) Schuhe

Beim Wandern merkt man sehr schnell, wenn man mit „falschem" Schuhwerk unterwegs ist: bei Sandalen spürt man laufend kleine Steinchen im Schuh, mit Turnschuhen rutscht man bei nassen, abschüssigen Wegen viel öfter aus, als es eigentlich nötig wäre. Auch zu kleine Schuhe machen sich an den Zehen deutlich bemerkbar. Das alles trägt sicher nicht dazu bei, beim Wandern „guter Laune" zu sein oder zu bleiben. Am besten sind daher bei allen Wanderungen gerade auch für Kinder *knöchelhohe Schuhe mit griffigen Sohlen* geeignet. Der Halt im Schuh und damit auch die Sicherheit in unwegsamem Gelände – da bewegen sich die Kinder ja am liebsten – ist in knöchelhohen Schuhen einfach am besten.

b) Verpflegung

Gegen Hunger und Durst muß man beim Wandern immer gewappnet sein, vor allem, wenn man mit Kindern unterwegs ist. Besonders Getränke (Tee, verdünnte Obstsäfte) sollten in ausreichender Menge mitgenommen werden. Vielleicht kann man als Durchschnittswert von einer Menge von einem Liter pro Wanderer ausgehen. Natürlich ist die Menge auch davon abhängig, ob unterwegs Nachfüllmöglichkeiten bestehen oder ob man irgendwo einkehren kann. Bei heißem Wetter kann sich der Flüssigkeitsbedarf auch drastisch erhöhen!

Wichtig: Die Kinder sollten wirklich oft trinken dürfen. Sie schwitzen meistens mehr als die Erwachsenen, weil es sie auch mehr anstrengt. „Durchhalteparolen" sind hier vollkommen fehl am Platz.

Bei längeren Touren ist natürlich zum Essen etwas Herzhaftes geeignet, aber auch kleinere Überraschungen in Form von *Müsliriegeln* oder *Früchteschnitten* sind sehr begehrt.

c) Was man sonst noch braucht

Verbandsmaterial sollte in gewissem Umfang immer dabei sein, ein „Trostpflästerchen" kann manchmal Wunder wirken.

Ein *Taschenmesser* und *Streichhölzer* sowie eine *alte Zeitung* sind oft nützliche Begleiter, wenn man an einer Grillstelle eine Rastpause einlegen möchte.

An einer *Wanderkarte* trägt man auch nicht sehr schwer, und sie findet bestimmt auch noch ein Plätzchen im Rucksack. Ein Weg kann verändert sein, ein neuer gebaut – und schon ist die Wegebeschreibung allein zu wenig für eine gute Orientierung. Oder man möchte noch eine Zusatzrunde anhängen, da ist ein Blick in die Karte ebenfalls hilfreich. Mit den Signaturen und dem Wegeverlauf macht man sich am besten schon vor Beginn der Tour vertraut.

Übersicht über die Weglänge der vorgestellten Wandertouren:

Für diejenigen, die sich an der Weglänge orientieren möchten, um ihr Ziel herauszusuchen, ist folgende Übersicht gedacht. Wird ein Wandervorschlag mehrmals aufgeführt, bedeutet dies, daß bei der Weglänge verschiedene Varianten möglich sind.

a) Kleine Wanderungen bis 5 Kilometer Länge:

Nr. 1	Ritter spielen auf Burg Löwenstein
Nr. 3	Auf den Spuren der Römer
Nr. 4	Bachaufwärts zum Kalksbrunnen
Nr. 5	Ein Abstecher ins Himmelreich
Nr. 8	Abenteuer beim Hohlen Stein
Nr. 9	Eine römische Grenze im Schwäbischen Wald
Nr. 12	Maultaschen oder Schnitzel?
Nr. 14	Klappe auf – Wasser marsch!
Nr. 25	Wer findet die Isohypsen?

Ja, so warn's ... die alten Ritters-leut'! Mittelalterliche Burganlagen wie das Schloß Egg in Deggendorf sind für Kinder immer faszinierend. Doch ein Besuch bei Bären und Wölfen im Nationalpark steht dem an Abenteuer in nichts nach. Diese und viele andere Möglichkeiten, im Bayerischen Wald zu wandern und aufregende Dinge zu erleben, hat unsere Autorin für Sie entdeckt.

144 Seiten, 42 Schwarzweiß-fotos, 18 Kartenskizzen

Für Familien mit Kindern gibt es im Hohenloher Land viel zu erwan-dern und zu erleben. Ob bei der Fossiliensuche rund um Kirchberg, einem Besuch auf dem Schweine-markt in Blaufelden oder im Frei-landmuseum von Wackershofen – der Ausflug bleibt für alle ein unvergeßliches Erlebnis.

120 Seiten, 28 Schwarzweiß-fotos

Birgit Mayer

Mit Kindern rund um Stuttgart

Wandern, radeln, forschen und besichtigen

Fleischhauer & Spohn

132 Seiten, 30 Schwarzweiß-fotos

Es gibt vieles zu sehen, zu erleben, zu wandern und zu radeln, in und rund um Stuttgart. Tips für Ausflüge mit Kindern zu jeder Jahreszeit und bei jedem Wetter, mit Hinweisen auf Einkehr-, Grill- und Spielmöglichkeiten garantieren einen gelungenen Ausflug.

Gertrud Braune

Mit der FamilienTageskarte unterwegs

30 Wanderungen ohne Auto im Großraum Stuttgart

Fleischhauer & Spohn

109 Seiten, 37 Schwarzweiß-fotos, 30 Kartenskizzen

Wandern heißt für unsere Autorin nicht nur die Füße bewegen, sondern Neues kennenlernen, in der Natur und aus der Heimatgeschichte. In ihrem vierten Buch hat sie besonders an Familien gedacht, denn alle Ziele im Großraum Stuttgart lassen sich mit der Familien-Tageskarte des VVS zum Spartarif erreichen – und dazu umweltschonend!

112 Seiten, 40 Schwarzweiß-fotos

Familien mit Kindern finden in 25 Kapiteln Vorschläge für Wanderungen auf den Spuren von Flößern, Waldbauern und Rittersleuten im Nordschwarzwald. Die Sehenswürdigkeiten werden kurz geschildert, aber auch Rastplätze mit Feuerstellen, Einkehrmöglichkeiten und Kinderspielplätze werden erwähnt.

132 Seiten, 31 Schwarzweiß-fotos

Ein Ausflug ins Sagenreich der Erdmännlein oder eine Fahrt im Bummelzug sind nur zwei von 23 aufregenden Abenteuern, die im Südschwarzwald auf unternehmungslustige Familien warten. Viel Spaß bei der Entdeckungsreise.

Gertrud Braune

Mit Kindern auf der Alb

Zu Höhlen, Ruinen, Spielplätzen und Seen

Fleischhauer & Spohn

121 Seiten, 33 Schwarzweißfotos

Die Schwäbische Alb bietet mit ihren Höhlen, Felsen, Höllenlöchern, Vulkanen und Versteinerungen eine Fülle von Möglichkeiten, mit Kindern zu wandern. Schönes und Ungewöhnliches wartet darauf, zu Fuß entdeckt zu werden.

Gerrit-Richard Ranft

Mit Kindern in Oberschwaben

Wanderungen im Barockdreieck zwischen Donau und Iller

Fleischhauer & Spohn

110 Seiten, 15 Schwarzweißfotos, 22 Kartenskizzen

10 000 Vögel auf einen Blick, wo der Abt Architekt sein wollte, und ein Bad in den warmen Quellen – all das und noch viele andere spannende Dinge kann man sehen und erleben. Daß Barock und Oberschwaben untrennbar zusammengehören und daß das auch für Kinder interessant sein kann, zeigt dieser Wanderführer.

148

132 Seiten, 25 Schwarzweiß-fotos

Innerhalb und außerhalb der Ulmer und Neu-Ulmer Stadtmauern gibt es für Familien viel zu entdecken: man erfährt, wie es dem Schneider von Ulm erging und daß Mammut-bäume nicht nur in Nordamerika, sondern auch im Ulmer Stadtwald anzutreffen sind. Sämtliche Aus-flugsziele sind bequem mit Bus oder Straßenbahn zu erreichen.

132 Seiten, 29 Schwarzweiß-fotos

Wasser war schon immer ein Element, das Kinder begeistert. Eine Schiffahrt auf die Blumeninsel Mainau oder die Insel Reichenau ist für alle ein Erlebnis; der Schloßgeist von Meersburg spukt regelmäßig bei allen Kinderführungen, und die mehr als 200 Berberaffen im Frei-gehege von Salem freuen sich über jeden Besucher.

Der Naturpark Fränkische Schweiz ist vor allem durch seine märchenhafte Landschaft bekannt. Unser Autor führt Sie und Ihre Kinder durch verwinkelte, schattige Täler und verwunschene Höhlen zu romantischen Burgen und bizarren Felsformationen.

144 Seiten, 39 Schwarzweißfotos, 8 Kartenskizzen

Unsere Autoren, seit Jahren als Wanderwarte im Fichtelgebirgs-Verein engagiert, wissen aus Erfahrung, was sowohl Kinder als auch Erwachsene begeistert: der Wackelstein zum Beispiel, ein Felsriese, den selbst Kinderhände mühelos bewegen können oder eine rasante Fahrt mit der Sommerrodelbahn und vieles mehr.

132 Seiten, 34 Schwarzweißfotos

Ein Drittel der Fläche des Saarlandes ist mit Wald bedeckt und neben landschaftlichen Schönheiten gibt es für Familien noch eine Menge anderer Dinge zu entdecken. Auf der Burgruine Montclair läßt die Phantasie der Kinder die Lebenswelt der alten Ritter wiedererstehen und kleine Tierfreundinnen und -freunde kommen im Saarbrücker Wildpark und im Wolfsgehege bei Merzig auf ihre Kosten.

128 Seiten, 29 Schwarzweiß-fotos, 14 Kartenskizzen

„Spaß für und mit Kindern", das ist das Motto des Autors, der selbst Kinder hat und im Pfälzerwald-Verein aktiv ist. Bei insgesamt 26 Ausflügen wird die Geschichte der Pfalz lebendig. Sie sehen, wie die Römer kelterten und Steine brachen. Sie besteigen Burgen, wandern zu markanten Felsen oder fahren mit der Grubenbahn in ein Kalkbergwerk.

108 Seiten, 29 Schwarzweiß-fotos

Gertrud Braune

Mit Kindern unterwegs

Erlebniswanderungen in Baden-Württemberg

Fleischhauer & Spohn

130 Seiten, 47 Schwarzweiß-
fotos

Kinder brauchen Abenteuer. Auf spannenden Streifzügen durch Baden-Württemberg werden viele Fragen beantwortet, so zum Beispiel, wer einmal diese Burg bewohnt und wer sie zerstört hat, ob der „Schwäbische Vulkan" noch Feuer speit und vieles mehr.

Birgit Mayer

Unterwegs in Stadt und Land

Mit jung und alt durch Württemberg

Fleischhauer & Spohn

120 Seiten, 29 Schwarzweiß-
fotos

Es gilt, Württemberg zu entdecken, sei es beim Besuch des Keltenfürsten in Hochdorf, beim Wandern zu Zeugnissen der Römer oder auf den Spuren von Dichtern und Denkern. Unabhängig vom Alter wird sicherlich jeder der 24 Ausflüge zu einem rundum schönen Erlebnis.